ATTICUS

FRAGMENTS

COLLECTION DES UNIVERSITÉS DE FRANCE
publiée sous le patronage de l'ASSOCIATION GUILLAUME BUDÉ

ATTICUS

FRAGMENTS

TEXTE ÉTABLI ET TRADUIT
PAR
ÉDOUARD DES PLACES
Correspondant de l'Institut

Deuxième tirage

PARIS
LES BELLES LETTRES
2002

Conformément aux statuts de l'Association Guillaume Budé, ce volume a été soumis à l'approbation de la commission technique, qui a chargé M. P. Thillet d'en faire la révision et d'en surveiller la correction en collaboration avec le R. P. É. des Places.

95 boulevard Raspail, 75006 Paris
www.lesbelleslettres.com

Première édition 1977

ISBN : 2-251-00070-4
ISSN : 0184-7155

AVANT-PROPOS

Cette édition d'Atticus trouve une première justification dans la rareté de la précédente; la dernière section de la Notice *montrera en quoi elle diffère du travail de J. Baudry, publié en 1931 par l'Association Guillaume Budé dans la « Nouvelle collection de textes et documents ». Atticus, on le verra aussi, paraît s'être servi de Numénius; ils ont en commun leur culte pour Platon, leur souci de dénoncer les infidélités de ses disciples; mais Numénius s'attaque surtout aux déviations de l'Académie, dès la mort du maître; Atticus, lui, s'en prend à Aristote; les deux traités, celui de Numénius* Sur l'infidélité de l'Académie à Platon, *celui d'Atticus* Contre ceux qui se flattent d'interpréter Platon par Aristote, *nous ont été l'un et l'autre assez largement conservés par Eusèbe. L'apologiste de Césarée cherchait dans les divergences entre philosophes hellènes un argument contre leur crédibilité, quitte à en faire, dans les opinions qu'il pouvait admettre, des tributaires de Moïse et de la sagesse hébraïque. Telle est son attitude constante à l'égard de la philosophie grecque, de Platon en particulier : la vérité vient des Hébreux, l'erreur appartient aux Gentils; et il retient de l'héritage païen à la fois les ombres et les lumières*[1]. *En fait, sans les livres XI et XV de la* Préparation évangélique, *nous n'aurions d'Atticus aucune citation expresse. L'édition de l'ouvrage d'Eusèbe, en cours de publication dans la série « Sources chrétiennes », met ses emprunts dans leur contexte.*

1. Cf. *Mélanges A. Diès*, Paris, 1956, p. 69-77; H. D. Saffrey, in *Forma futuri... card. M. Pellegrino*, Turin, 1975, p. 145-153.

Comme ses prédécesseurs, Atticus *a largement profité des notes du réviseur, M. Pierre Thillet (mises entre crochets et suivies des initiales « P. T. »), et des soins de M. Jean Irigoin; j'ai beaucoup de plaisir à les remercier ici.*

NOTICE

I. Vie

Atticus est encore de ces auteurs du IIe siècle sur la vie desquels nous ne savons à peu près rien. Le *Chronicon* d'Eusèbe-Jérôme (p. 207 Helm[2]) met son acmé en 176, donc vers la fin du règne de Marc-Aurèle (161-180) ; la *Chronographie* de Georges le Syncelle place de même à la quinzième année de ce règne « Atticus, philosophe platonicien[1] ». Nous tenons de Proclus[2] qu'il fut le maître du lexicographe Harpocration. Des sections particulières traiteront de ses relations avec Nicostrate et Taurus, et nous tâcherons de le situer par rapport à Plutarque et à Numénius. Il se défiait de tout éclectisme[3] : son refus de concilier Aristote et Platon, comme le faisaient déjà beaucoup de ses contemporains, lui valut l'hostilité d'Ammonius et

1. *Chronogr.*, p. 353 b (666, 11-12 Dindorf). Le texte porte ἔτει ε' ; mais une note avertit qu' « après ἔτει quelque chose est tombé, dont il est resté la lettre ε » ; ce « quelque chose » est à peu près certainement l'ι de ιε' : « quinzième », au lieu de « cinquième », qui correspondrait à l'an 166.

2. Proclus, *In Timaeum*, I, 305, 6 Diehl.

3. Contre J. Baudry (p. VIII) et implicitement E. Zeller (III, 1[5], p. 839-840) et A.-É. Chaignet (*Histoire*..., III, 1890, p. 175-176), K. Mras se refuse à voir en Atticus un « éclectique » (*Glotta*, 25, 1936, p. 188). Mais P. Thévenaz ne jugerait pas le qualificatif indigne de Plutarque, dont Atticus se rapproche par bien des traits : « L'éclectisme n'est pas toujours le signe d'une impuissance créatrice » (*L'âme du monde, le devenir et la matière chez Plutarque*, Neuchâtel, 1938, p. 125) ; ailleurs, il oppose l'éclectisme au syncrétisme, qui unit des éléments hétérogènes (*Revue de théologie et de philosophie*, 1951, p. 13-14).

compromit, nous le verrons à propos de la « survie », sa réputation auprès du néoplatonisme postérieur.

II. L'ŒUVRE

a) Le titre de son principal ouvrage, tel qu'on peut le tirer d'Eusèbe au début du premier fragment (XI 1, 2) et que le confirme Alexandre d'Aphrodise[1], manifeste clairement son propos : « Contre ceux qui prétendent retrouver le platonisme dans l'aristotélisme » ou mieux « qui se flattent d'interpréter Platon par Aristote[2] ». Outre le fragment du livre XI, la *Préparation évangélique* en a conservé huit autres, aux chap. 4-9 et 12-13 du livre XV. Si l'on met à part le premier fragment, qui présente la « philosophie tripartite » de Platon sans attaquer Aristote, voici les principaux chefs d'accusation : « le souverain bien (XV 4 = fr. 2), la Providence (XV 5 = fr. 3), l'éternité du monde (XV 6 = fr. 4), la doctrine de l'éther quinte essence (XV 7 = fr. 5), les êtres célestes (XV 8 = fr. 6), la destinée de l'âme (XV 9 = fr. 7) ; et — après deux extraits de Plotin (XV 10) et de Porphyre (XV 11) sur l'âme entéléchie — l'âme du monde (XV 12 = fr. 8) et le rejet des Idées (XV 13 = fr. 9) ». J'emprunte ce classement à A.-J. Festugière, qui ajoute : « Les titres mêmes des chapitres indiquent que ces *doxai* aristotéliciennes s'opposent à la véritable doctrine qui est commune au platonisme et aux Hébreux[3]. » Ce qui, en effet, intéresse Eusèbe, c'est de trouver en Platon et Atticus — sur des questions essentielles comme

1. *Quaestiones et solutiones*, II 21 (p. 70, 33-34 Bruns). Cf. K. Mras, *Glotta*, 25, 1936, p. 187-188 ; P. Merlan, *Gnomon*, 10, 1934, p. 265, n. 3, et *Philologus*, 113, 1969, p. 90.

2. C'est la formule τοὺς τὰ Πλάτωνος ὑπισχνουμένους qui est commune à Eusèbe et à Alexandre.

3. A.-J. Festugière, *L'idéal religieux des Grecs et l'Évangile*, Paris, 1932, p. 257.

la fin de la vie heureuse (qui est la vertu), la Providence, la non-éternité du monde — des alliés contre Aristote[1].

b) A la suite des fragments d'Eusèbe viendront d'abord deux fragments (10-11) tirés du *Traité de l'âme* de Jamblique cité par Stobée. Peut-être Atticus avait-il, lui aussi, composé un traité de l'âme : « Sur l'âme en général », comme Chaignet[2] traduirait περὶ τῆς καθόλου ψυχῆς dans le titre ancien de ιϐ' (XV 11, 4 fin) ; j'entendrais plutôt : « Sur l'âme universelle. »

c) Le commentaire d'Atticus sur le *Timée* est représenté par de nombreux « témoignages » de Proclus (fr. 12-36), d'Ênée de Gaza (fr. 37) et de Jean Philopon (fr. 38-39).

d) A un commentaire sur les *Catégories* d'Aristote pourraient se rapporter le témoignage de Syrianus sur les Idées (fr. 40) et en tout cas ceux de Simplicius et de Porphyre (fr. 41-42).

e) Le fr. 14 (Proclus) nous apprend qu'Atticus avait commenté le *Phèdre*[3].

f) On voit mal à quoi rattacher le témoignage anonyme sur la justice (fr. 43).

g) Je dois à L. G. Westerink de connaître le fr. 44 ([Olympiodore]).

III. Plutarque et Atticus. L'interprétation du « Timée »

Atticus prend à la lettre le texte du *Timée*, 30 a 3-6, cité au début du fr. 4 : « Le dieu a pris toute la masse visible, dépourvue de repos, changeant sans mesure

1. A.-J. Festugière, *ibid.*, p. 257-258. Analyse détaillée des fragments d'Eusèbe ap. J. Baudry, p. x-xxx. Voir aussi le résumé d'O. Gigon, *Aristoteles Einführungsschriften*, Zurich et Stuttgart, 1961, p. 294-296.

2. A.-E. Chaignet, *Histoire*..., III, 1890, p. 176 et n. 5.

3. [Avec « Sévère, Cronius, Numénius et Gaïus » Atticus faisait partie des platoniciens dont, au dire de Porphyre (*Vie de Plotin*, 14, 12 ; § 72 Harder), Plotin « lisait » les commentaires. (P. T.)]

et sans ordre et il l'a amenée du désordre à l'ordre, car il avait estimé que l'ordre vaut infiniment mieux que le désordre. » Dans la suite, il veut établir contre Aristote que création à un moment de la durée n'implique pas destructibilité : le monde peut être à la fois engendré et indestructible (*P. E.*, XV 6, 8).

Si, dans les citations de la *Préparation évangélique*, nous entendons Atticus en personne, le texte du *Timée* et l'interprétation qu'il en donne méritent une place à part. Mais plusieurs témoignages vont dans le même sens : l'ordre et le désordre y sont constamment opposés. Ainsi, au fr. 10, Jamblique s'inspire peut-être d'un *Traité de l'âme* d'Atticus lorsque, dans son propre traité, en partie conservé par Stobée, il écrit : « D'autres (platoniciens), comme Atticus et Plutarque, de la lutte font sortir l'harmonie. Pour ces derniers, alors que préexistent les mouvements désordonnés et irréguliers, surviennent par la suite les mouvements qui règlent et ordonnent les premiers, et, de ces deux ensemble, ils tissent ainsi la trame de l'accord[1]. » Les vocables (verbes, adjectifs, adverbes) qui expriment l'ordre et le désordre (ici ἀτάκτων, πλημμελῶν ; κατακοσμοῦντα, διατάττονται) reviendront dans la plupart des fragments, et le fr. 23 en fait l'argument majeur de Plutarque et d'Atticus.

Ce qui vaut pour le monde s'étend à l'âme : au fr. 11, il est dit qu' « Atticus et certains autres platoniciens... à chaque incorporation des âmes font exister d'abord l'âme irrationnelle, désordonnée (πλημμελῆ)... et quand cette âme est bien ordonnée (κατακοσμουμένη), ils la font en outre s'unir à l'âme raisonnable[2] ». Atticus applique ici à toute âme ce qui dans le *Timée* concerne l'âme du monde ; il pouvait s'autoriser du *Phèdre*, 245 c 5,

1. Jamblique ap. Stobée, *Anth.*, I 49, 37 ; trad. A.-J. Festugière, *La révélation d'Hermès Trismégiste*, III, Paris, 1953, p. 208-209.
2. Id., *ibid.*, I 49, 40 ; trad. *ibid.*, p. 221.

πᾶσα ψυχὴ ἀθάνατος, où πᾶσα admet les deux sens, collectif et distributif ; et du Xe livre des *Lois*, où ce que Platon dit de l'âme universelle regarde également l'âme individuelle. C'est ce qui ressort aussi du fr. 48 de Numénius (*Test.* 40 L.), qui chez Stobée fait suite à notre fr. 11 d'Atticus et où « l'incorporation est toujours un mal[1] ». Rappelons encore la conception de la matière que Numénius emprunte au pythagorisme : « Cette dyade[2], indéterminée, n'a pas de génération, mais déterminée est engendrée ; en d'autres termes, avant d'être parée et de recevoir forme et ordre, elle est sans naissance ni génération, mais parée et embellie par le Dieu démiurge elle est engendrée, et ainsi, comme la génération est un événement postérieur, cet ensemble sans ordre ni génération doit se comprendre comme aussi ancien que le Dieu qui lui apporte l'ordre[3]. »

Les quelques lignes du fr. 10 reçoivent d'amples développements chez Proclus. Le plus clair est le fr. 19 : « Plutarque, Atticus et plusieurs autres des platoniciens ont entendu le venir à l'être au sens temporel et disent que la question est de savoir si le monde est temporellement inengendré ou engendré ; car il y a, d'après eux, avant la création du monde un mouvement désordonné ; or dès là qu'il y a mouvement, de toute façon il y a aussi temps, en sorte qu'il existe un temps même avant l'univers ; mais ce qui est né avec l'univers, c'est le temps qui est 'le nombre du mouvement de l'univers', comme cet autre temps était le nombre

1. Jamblique, *ibid.* (p. 93 de *Numénius. Fragments*, 1973).

2. C'est le nom dont Pythagore et à sa suite Numénius désignent la matière ; cf. Numénius, fr. 11 (20 L.), l. 15.

3. Calcidius, *In Timaeum*, ch. 295 = Numénius, fr. 52 (Test. 30 L.), l. 6-14. Sur la matière chez Numénius, cf. É. des Places ap. *Zetesis... E. de Strycker*, Anvers et Utrecht, 1973, p. 217-218. Noter que Calcidius ne prend pas à son compte l'opinion de Numénius ; cf. L. Brisson, *Le même et l'autre dans la structure ontologique du « Timée » de Platon*, Paris, 1974, p. 235-237 et 299-300. Sur la matière chez Atticus, ci-après, sect. VII.

du mouvement désordonné antérieur à la création du monde[1]. » D'après ce texte, il y a pour Plutarque et Atticus deux temps et deux mouvements. Au fr. 20, Proclus voit là une « extraordinaire hypothèse » d'Atticus. Au fr. 22, il se refuse à « dire inengendré, comme Atticus et Plutarque, l'inordonné antérieur au monde ». Pour lui (fr. 25), « le divin Platon prend le mot 'engendré' selon le rapport causal et non selon le temps ». Porphyre, déjà, « invectivait Atticus pour avoir fait exister chronologiquement la matière avant le sensible, l'irrationalité avant la raison, le désordre avant l'ordre » (fr. 26). A Atticus seul — non plus, comme d'habitude, en compagnie de Plutarque — Proclus (fr. 31) reproche cette « vaine thèse que le temps existait même avant la création du ciel, mais qu'il n'y avait pas de temps ordonné ». Les trois fragments de Philopon (38 a et b, 39) font écho à la critique de Proclus. Mais, comme celle-ci ne vise pas moins Plutarque, il faut rappeler ici les principaux textes du *De animae procreatione in Timaeo*, d'ordinaire dans la traduction de P. Thévenaz[2] : 5, 1014 b-c ; 9, 1016 c-d[3]. Cf. encore *Platonicae quaestiones*, 4, 1003 a.

a) 5, 1014 b-c : « Ce qui a précédé la genèse du monde, ce fut le chaos, un chaos qui n'était pas l'absence de corps, de mouvement et d'âme, mais dont le principe corporel était informe et inconsistant et le principe moteur instable et irrationnel. C'était la discordance de l'âme privée de raison... Dieu n'a créé lui-même ni la résistance et la tangibilité du corps, ni la faculté

1. Proclus, *In Tim.*, I 276, 30-277, 7 D. ; trad. Festugière, *Proclus, « Timée »*, II, p. 121-122.

2. P. Thévenaz, *L'âme du monde, le devenir et la matière chez Plutarque*, avec une traduction du traité « De la Genèse de l'Ame dans le *Timée* » (1re partie), Neuchâtel, 1938.

3. Cf. aussi, pour le premier texte, A.-J. Festugière, *Révél.*, III, p. 208, n. 3 ; pour le second, L. Brisson, *Le même et l'autre*..., p. 296 et n. 3.

imaginative et motrice de l'âme ; mais ayant pris ces deux principes, l'un opaque et ténébreux, l'autre trouble et dépourvu d'intelligence, tous deux indéterminés et sans accès à la perfection qui leur convenait, il les a soumis à l'ordre, à la règle et à l'harmonie, pour en faire le Vivant le plus beau et le plus achevé. »

b) 9, 1016 c-d : « Par âme incréée, il entend celle d'où provenait avant la genèse du monde le mouvement universel, sans mesure et sans ordre ; par âme créée et soumise au devenir, en revanche, celle que Dieu a rendue raisonnable et ordonnée en ajoutant à cette âme d'ici-bas l'essence permanente et excellente de l'Au-delà : détachant de sa substance propre l'Intelligible et l'Ordonné, il en a pour ainsi dire informé respectivement le principe sensible et le principe moteur pour élever l'âme au rang de régente de l'univers. »

Dans le livre dont nous venons de citer les traductions, P. Thévenaz résume bien la position par laquelle Plutarque se flatte de résoudre l'apparente contradiction des textes de Platon : « L'âme est à la fois créée et incréée. L'âme précosmique et désordonnée n'a pas été créée, puisqu'elle est *donnée* et que le démiurge ne la suscite pas du non-être. L'exposé du *Phèdre* se rapporte à cette âme-là. L'âme engendrée, par contre, est celle que le démiurge a créée à partir de la première en y ajoutant l'essence immuable. Platon pouvait donc parler dans le *Timée* de la fabrication de l'âme, 'la meilleure des réalités engendrées'. Parallèlement, le corps précosmique et désordonné est aussi un donné incréé (cf. *Tim.*, 30 a et 53 a)... Mais tout corps visible est forcément créé et, de plus, engendré *après* l'âme (34 c). La *IVe Question platonicienne* est parfaitement claire à ce sujet. Il y a coexistence (συνυπάρχον) du corps amorphe et de l'âme inintelligente du chaos sans devenir. Puis, par participation à l'Intelligence, l'âme devient la cause du devenir corporel qui constitue le monde : elle

est donc bien l'aînée du corps[1]. » Et plus loin : « Le passage du chaos à l'ordre dont parle Plutarque n'est pas une création absolue, puisque le chaos porte en lui *tout l'essentiel* du cosmos actuel, il lui manque simplement l'ordre... Ce qui, à nos yeux, fait l'essentiel du temps, la succession, existait pour Plutarque en quelque sorte avant le temps[2]. » Enfin, dans la conclusion : « (Avec Plutarque) le chaos devient une période historique : il prend place dans le temps[3]. »

Si l'on peut dire, avec L. Brisson, que « le moyen platonisme se développe, avant tout, en réaction contre le monisme matérialiste du stoïcisme », il ne faut pas étendre à tous ses représentants la phrase suivante : « L'affirmation plus ou moins explicite de la transcendance de la divinité supérieure, faisant face à une matière déterminée, force Plutarque à rendre compte du chaos par l'hypothèse d'une âme du monde irrationnelle ordonnée par l'intelligence démiurgique[4]. » C'est la solution de Plutarque et d'Atticus; Numénius y aurait souscrit; on ne peut la généraliser. Comme Atticus lui-même nous l'apprend au fr. 4, il avait conscience d'interpréter le *Timée* dans un sens hétérodoxe[5]; il partageait avec Plutarque les deux « hérésies » dénoncées par Syrianus, le maître de Proclus[6] : « Création de l'âme et du monde au sens temporel; dualisme des deux âmes opposées et contraires[7] »; mais l' « orthodoxie » et l' « hérésie » dans l'interprétation de Pla-

1. P. Thévenaz, *L'âme du monde*..., p. 98-99.
2. Id., *ibid.*, p. 102.
3. Id., *ibid.*, p. 125.
4. L. Brisson, *Le même et l'autre*..., p. 59 (et équivalemment p. 295).
5. Voir surtout *P. E.*, XV, 6, 3 et 6; cf. J. Baudry, *Atticos*, p. XVII. Sur l' « hétérodoxie » de Plutarque et d'Atticus, cf. H. Dörrie, in *Gnomon*, 29, 1957, p. 189 et n. 1-2 = *Plat. minora*, p. 266 et n. 4-5.
6. Syrianus, *In Arist. met.* 11, 4; 105, 36 sv. Kalbfleisch.
7. H. Dörrie, « Le platonisme de Plutarque » (*Assoc. G. Budé. VIII*^e *Congrès* [*Paris, 1968*], 1969, p. 519-529), p. 521.

ton sont toujours relatives[1]; et sur le premier point Atticus avait pour lui Aristote et Théophraste[2]. J. Baudry, dont la thèse s'arrête à l'ère chrétienne, a du moins exposé en détail la position de Platon et la résume ainsi : « Le monde et le temps ont commencé, mais ni l'un ni l'autre ne doivent finir : l'univers est immortel[3] »; « si l'univers est immortel, il n'est pas éternel, il a une origine[4]. »

IV. Atticus et Taurus

Taurus est peut-être spécialement visé dans les phrases — un peu mélancoliques — où Atticus se dit isolé parmi les platoniciens de son école[5]. L'accord des deux philosophes sur la plupart des points mettait davantage en relief leur dissentiment sur l'origine du monde. Pour Taurus, en effet, comme pour la plupart des platoniciens de l'époque, le monde n'avait pas commencé dans le temps ; à preuve les fragments de son commentaire du *Timée* cités textuellement par Jean Philopon dans le traité *De l'éternité du monde* ; selon les expressions de Théophraste, que Philopon cite avec complaisance, Platon ne parle d'origine temporelle que par souci de « clarté pédagogique », σαφηνείας χάριν (ἕνεκεν), διδασκαλίας χάριν[6]. Mais Taurus était l'auteur

1. C. Moreschini, in *Annali d. sc. n. sup. di Pisa*, S. II, 33, 1964, p. 54-56.
2. J. Baudry, *Atticos*, p. XVIII.
3. Id., *Le problème de l'origine et de l'éternité du monde dans la philosophie grecque de Platon à l'ère chrétienne*, Paris, 1931, p. 82.
4. Id., *ibid.*, p. 97.
5. Eusèbe, *P. E.*, XV 6, 3 et 6 ; cf. ci-dessus, III, « Plutarque et Atticus », p. 14, n. 5.
6. Σαφηνείας χάριν (145, 23 ; 187, 5 ; 224, 5), σαφηνείας ἕνεκεν (223, 23) ; διδασκαλίας χάριν (188, 6 ; cf. 224, 1). Le *De aeternitate mundi* de Jean Philopon (éd. H. Rabe, Leipzig, 1899) nous a conservé essentiellement trois fragments de Taurus : a) 6, 8, 145, 13-147, 25 R. ; b) 6, 20, 186, 21-189, 9 R. (cf. 6, 22, 192, 19-21 R.) ; c) 13, 15, 520, 8-23 et 521, 12-24 ; un quatrième (6, 27, 223, 8-224,

d'un écrit « Sur la différence des doctrines de Platon et d'Aristote[1] », où il réagissait contre l'éclectisme : le titre fait pendant à celui d'Atticus : « Contre ceux qui se flattent d'interpréter Platon par Aristote[2]. » Comme Atticus, il rejetait le cinquième élément d'Aristote, l'éther[3], peut-être pour la même raison qu'un « corps impassible » suppose une contradiction dans les termes. Comme lui, il s'opposait à la négation de la Providence[4].

Un autre lien entre Atticus et Taurus — mise à part la question de l'origine du monde, où Atticus se trouvait aux côtés de Plutarque contre Taurus — pouvait être leur commun attachement à Plutarque. Sans doute, la chronologie éloigne Atticus de celui-ci, qui était mort vers 125 p. C., et Taurus lui-même, dont Jérôme place l'acmé en 145[5], ne peut l'avoir connu qu'assez âgé. Mais chez son disciple Aulu-Gelle il l'appelle « Plutarchus noster[6] ». Delphes aussi peut les avoir rapprochés : Plutarque y était grand-prêtre du temple d'Apollon, et « L. Calvénus Taurus de Béryte y reçut le droit de cité, la proxénie, la possession d'une terre

8) n'est qu'un doublet des deux premiers, que résume bien H. Dörrie : γενητός, appliqué au monde, ne peut s'entendre au sens temporel ; l'exposé du *Timée* est entièrement fictif (H. Dörrie, « L. Kalbenos Tauros. Das Persönlichkeitsbild eines platonischen Philosophen um die Mitte des 2. J. n. Chr. », in *Kairos*, 15, 1973, p. 24-35 = *Plat. minora*, p. 310-323 ; ici p. 26 = 312-313). Avant cette étude, il y avait surtout le « Tauros 11 » de K. Praechter dans la *R.-E.*, V A, 1934, c. 58-68, précédé des quelques pages d'*Hermes*, 57, 1922, p. 481-483 et 494 (= *Kl. Schr.*, p. 101-103 et 114).

1. Περὶ τῆς τῶν δογμάτων διαφορᾶς Πλάτωνος καὶ Ἀριστοτέλους (Suidas, *s. v.* Ταῦρος Βηρύτιος). Au dire d'Élias, Porphyre avait écrit lui aussi Περὶ διαστάσεως Πλάτωνος καὶ Ἀριστοτέλους (nº 31, dans la « Liste » de J. Bidez, *Vie de Porphyre*, p. 68*). Au xvᵉ siècle, Pléthon intitulera de même un de ses traités (*P. G.*, 160, c. 889-929) : Περὶ ὧν Ἀριστοτέλης πρὸς Πλάτωνα διαφέρεται ; mais le traité de Porphyre pouvait ne faire qu'un avec le nº 32 Bidez (ci-après, p. 25 et n. 2) et rejeter cette différence.

2. *P. E.*, XI 1, 2 (fr. 1), p. 38, n. 1.

3. *Ibid.*, XV 7 (fr. 5). 4. *Ibid.*, XV 5 (fr. 3).

5. *Chronicon*, anno 145 (p. 202 Helm², 1956).

6. A.-G., *N. A.*, 1, 26, 4.

et d'une maison[1] ». Il n'y a pas à remplacer le Calvènus du décret, gentilice attesté ailleurs, par le Calvisius, beaucoup plus fréquent, d'Aulu-Gelle[2].

K. Praechter et H. Dörrie ont réuni, d'après les *Nuits attiques*, les traits qui révèlent la « forte personnalité » de Taurus ; tout concourt à le représenter comme un maître rude, capable, au milieu d'une leçon, de lancer à son élève Aulu-Gelle un peu flatteur « rhetorisce[3] » — allusion à une conversion imparfaite de la rhétorique à la philosophie — mais au fond bon et sensible.

V. Atticus et Nicostrate. La critique des « Catégories » d'Aristote

Un autre contemporain ou plutôt devancier d'Atticus est Nicostrate d'Athènes. Les dates rapprochent celui-ci de Taurus. Dans le décret de Delphes dont nous avons vu l'inscription (A) honorer Taurus, les deux autres (B et C) confèrent les mêmes privilèges à Gaius, à Bacchius — son élève et le premier maître de Marc-Aurèle —, à Nicostrate[4]. Ce Nicostrate avait attaqué point par point les *Catégories* d'Aristote, avec l'âpreté qu'Atticus mettait à combattre tout ce qui venait du Stagirite[5]. Si l'on a pu dire qu'en matière de logique « il ne nous reste rien » de l'enseignement d'Atticus[6], quelques témoignages comblent un peu cette lacune. Eusèbe n'avait pas l'occasion de s'intéresser aux rapports d'Atticus avec la logique : au début du premier

1. *Syll.* II³, 868 ; cf. Praechter, p. 481-482 = 101-102.
2. A.-G., 18, 10, 3 ; cf. Praechter, p. 482 (= 102) et n. 1.
3. A.-G., 17, 20, 4.
4. *Syll.* II³ 868 ; cf. K. Praechter, in *Hermes*, 57, 1922, p. 481-484 (= *Kl. Schr.*, 1973, p. 101-104) ; K. von Fritz, in *R.-E.*, XVII, 1937 (*s. v.* « Nikostratos 26 », c. 547-551), c. 547.
5. Simplicius, *In Aristotelis categorias commentarium* (*C. A. G.*, VIII), p. 1, 19 sq. Kalbfleisch.
6. J. Baudry, *Atticos*, p. VII.

fragment (XI 2, 1) Atticus en fait seulement une des trois parties de la philosophie ; mais à propos de l'homonymie nous avons un passage de Porphyre (notre fr. 42 b), repris par Simplicius sous une forme meilleure (fr. 42 a), et un autre de Simplicius où celui-ci nous apprend qu'une aporie de Nicostrate a été plus clairement exposée par Atticus (fr. 41). L'aporie, à vrai dire, « repose sur un sophisme si évident qu'on peut à peine croire que Nicostrate lui-même l'ait prise au sérieux[1] ». Dans l'ensemble, la critique de Nicostrate restait à la surface. Elle a pourtant servi à Plotin, qui l'utilise plusieurs fois au livre Ier de la *VIe Ennéade* (ch. 1-24)[2].

En somme, comme le montre K. Praechter, il y avait, à l'égard des *Catégories*, deux attitudes possibles : l'une positive, depuis Antiochus d'Ascalon, avec le groupe de Gaius (Albinus, le commentaire anonyme du *Théétète*) et Ammonius Saccas jusqu'à Porphyre et à ses successeurs ; l'autre négative, à partir de la Nouvelle Académie (Eudore), à travers le groupe orthodoxe (Lucius, Nicostrate, Atticus), jusqu'à Plotin[3]. Chez Lucius et Nicostrate, les arguments stoïciens voisinent avec ceux de l'Académie. Atticus reste dans leur sillage. Chez Plotin, au contraire, la critique des *Catégories* abandonne les éléments empruntés au stoïcisme ; mais cette critique cesse après lui[4].

1. K. von Fritz, *op. cit.*, c. 549. Sur la question des homonymes, cf. P. Merlan, in *Philologus*, 89, 1934, p. 48-49.

2. Cf. l'analyse d'É. Bréhier, ap. Plotin, *Ennéades*, VI. 1, 1936, p. 8-30.

3. Cf. K. Praechter, *op. cit.*, p. 517 (= 137). Voir aussi, sur Nicostrate, les pages 485-487 et 495-496 (= 105-107 et 115-116).

4. K. von Fritz, *op. cit.*, c. 551. On complétera ces indications par la notice de R. Beutler et W. Theiler à *Enn.* VI 1-3 (*Plotins Schriften*, IV b, Hambourg, 1967, p. 415-419) ; sur Ammonius Saccas et Porphyre en particulier, cf. W. Theiler, *Forschungen*..., 1966, p. 40.

VI. Numénius et Atticus

Si Atticus a subi l'influence de Numénius, la chronologie de ce dernier peut se préciser. On le situe le plus souvent dans la seconde moitié du IIe siècle après J.-C. ; la mention que fait de lui Clément d'Alexandrie fournissait pour cela un *terminus ante quem*[1]. Mais cette mention n'interdirait pas de remonter jusqu'à la première moitié du siècle, comme le veulent R. Beutler et J. H. Waszink[2] ; et nous y serions contraints si Atticus, né vers 136 (acmé en 176)[3], reprend dans sa polémique le ton et les images de Numénius. Le ton ne suffirait pas : c'est celui de la diatribe, genre fréquent sous l'Empire. Mais deux images d'Atticus pourraient venir de Numénius : celle de la seiche qui se dissimule dans son encre, à propos d'Arcésilas chez Numénius, d'Aristote chez Atticus[4] ; celle de Penthée déchiré par les Bacchantes[5] : c'est Platon pour Numénius, la philosophie antéplatonicienne pour Atticus ; et Clément d'Alexandrie, qui peut les connaître l'un et l'autre, applique la comparaison au Verbe déchiré par les sectes[6]. Dans le second cas, Atticus reconnaît franchement son emprunt, et le καθάπερ εἶπέ τις de *P. E.* XI 2, 2 (II 7, 13 Mras ; notre fr. 1, l. 21) pourrait viser Numénius.

Atticus fait-il encore allusion à l'Apaméen quand il oppose son propre hellénisme sans métissage à l'origine

1. Str., I, 150, 4 (Numénius, fr. 8 fin) ; cf. W. Theiler, *Forschungen zum Neuplatonismus*, 1966, p. 34, n. 67.
2. Cf. la *Notice* de *Numénius. Fragments*, p. 7 et n. 2.
3. Ci-dessus, Ire section.
4. *P. E.*, XV 9, 13 (II, 371, 17-18 Mras) pour Atticus (fr. 7, l. 80) ; XIV 6, 6 (II 274, 10 Mras) pour Numénius (fr. 25, l. 81). Mais J. Baudry (*Atticos*, p. XLVIII) juge « la comparaison d'autant plus blessante que l'image est empruntée à Aristote lui-même » ; cf. la description de l'*Histoire des Animaux*, IX 37, 622 a 11-12 (p. 108 Louis).
5. *P. E.*, XI 2, 2 (II, 7, 12-13 Mras) pour Atticus (fr. 1, l. 21-22) ; XIV 5, 8 (II 270, 21-271, 1 Mras) pour Numénius (fr. 24, l. 71).
6. *Str.* I, 57, 1-6.

étrangère (sémitique?) d'autres platoniciens : « Les adversaires qui viennent du même foyer doivent nous pardonner si au sujet des opinions de Platon nous croyons ce que lui-même, un Grec, nous a exposé à nous qui sommes des Grecs en un langage clair et pénétrant[1] »? Dans ce cas, les platoniciens contemporains de Numénius auraient exagéré l'élément étranger de sa doctrine[2].

Une fois admise l'antériorité de Numénius, on pourrait attribuer à son influence telle opinion d'Atticus; ainsi « la doctrine des deux principes opposés (Dieu-matière) se rencontre chez Numénius, Plutarque, Atticus, Celse[3] ». En dépendance de l'opposition Dieu-matière, la partie irrationnelle de l'âme est liée à la matière et la partie rationnelle à Dieu. « Même doctrine chez Plutarque et Atticus, avec cette différence que, chez ceux-ci, les deux âmes finissent par se fondre en harmonie; pour Numénius, au contraire, il y a toujours combat[4]. »

Une date haute de Numénius entraînerait aussi la postériorité des *Oracles chaldaïques*, soutenue pour d'autres raisons par la majorité des critiques[5].

VII. La matière

Nous venons de voir l'influence probable de Numénius sur Atticus, qui lui doit peut-être l'opposition Dieu-

1. *P. E.*, XV 6, 3 (II, 360, 3 Mras) ; ici fr. 4, l. 18-19 et la note. De même, malgré son respect pour Moïse et la Bible, l'auteur du *Sublime* se défend d'être juif : ἡμῖν ὡς Ἕλλησιν (12, 4) ; cf. M. Stern, *Greek and Latin Authors on Jews and Judaism*, Jérusalem, 1974, p. 362.
2. Cf. J. H. Waszink, in *Entretiens...*, XII, 1966, p. 46-47.
3. A.-J. Festugière, *La révélation d'Hermès Trismégiste*, III, p. 43, n. 2 : aux témoignages déjà cités par R. Beutler, il ajoute *Asclépius*, p. 313, 4.
4. Id., *ibid.*, p. 45, n. 1 ; cf. le fr. 43 (T. 35 L.) de Numénius.
5. Cf. *Oracles chaldaïques*, p. 11 et n. 1-2 ; *Numénius. Fragments*, p. 17-18 avec les notes. En fait, l'antériorité des *Oracles* n'est guère

matière et la notion d'une âme mauvaise de la matière. Sur ce dernier point, ils se séparent l'un et l'autre de l'interprétation commune. Si toute la tradition platonicienne fait de la matière la cause du mal et si la plupart des modernes attribuent cette doctrine à Platon lui-même et spécialement au *Timée*[1], ils n'admettent pas pour autant qu'une âme puisse être à l'origine du mal ; celui-ci ne peut venir que du chaos de la matière[2]. Or plusieurs témoignages de Proclus dans son commentaire sur le *Timée* le montrent, à la suite de Porphyre, contraire à l'opinion de Plutarque et d'Atticus : « Ils disent qu'il existait avant la création non seulement la matière inordonnée mais l'âme malfaisante qui meut ce chaos ; d'où en effet lui viendrait ce mouvement, sinon d'une âme[3] »? Et plus loin : « Atticus prétend que la matière, mue par une âme incréée, irrationnelle et malfaisante, est emportée çà et là sans ordre et sans règle ; et il fait exister chronologiquement la matière avant le sensible, l'irrationalité avant la raison, le désordre avant l'ordre[4]. »

A la fin du IIe siècle, la doctrine de Numénius sur la matière se retrouve dans les *Oracles chaldaïques* : les *Extraits* du commentaire de Proclus sur ces oracles la paraphrasent longuement dans leur première sec-

soutenue que par E. R. Dodds ; dans la *Notice* de 1971, j'ai rangé à tort H. Lewy parmi ses tenants ; en réalité, elle est pour lui « inconcevable » (*Chaldaean Oracles*, p. 320, n. 27).

1. Cf. « La matière dans le platonisme moyen », ap. *Zetesis... E. de Strycker*, Anvers et Utrecht, 1973, p. 215 (et p. 217 sur le dualisme de Numénius).

2. F. P. Hager, *Die Vernunft und das Problem des Bösen im Rahmen der platonischen Ethik und Metaphysik*, Berne et Stuttgart, 1963, p. 255. Cf. A. Rivaud, *Le problème du devenir...*, Paris, 1906, p. 353 et n. 839 ; H. Dörrie, in *Gnomon*, 29, 1957, p. 188-189 (= *Platonica minora*, p. 265-266).

3. Fr. 23 = Proclus, *In Tim.*, I 381, 28 sv. D. ; trad. A.-J. Festugière (revue). Cf. A. Orbe, *Estudios Valentinianos*, Rome, I/1, 1958, p. 271 et n. 11 ; 274-275 et n. 25 ; III, 1966, p. 315 et n. 5 ; et ci-dessus, III.

4. Fr. 26 = Id., *ibid.*, I 391, 9 sv. D. ; même trad. revue.

tion[1]. Toutes ces concordances suppléent en partie au silence des fragments d'Atticus conservés par Eusèbe.

VIII. L'âme et son immortalité

Sur l'âme et son immortalité, Atticus prétend bien rester fidèle à la pensée de Platon, qu'il accuse Aristote, ici comme ailleurs, de déformer. Sa tâche eût été plus facile s'il n'avait eu devant lui que le *Phédon*. Car le *Timée*, si important pour le platonisme moyen, pousse à l'extrême la tripartition de la *République* (IV 439 b-441 c) et ne permet pas de trouver chez Platon une doctrine cohérente de l'âme et de l'immortalité ; les interprètes modernes s'y efforcent vainement[2]. « Entre l'âme immortelle et les âmes inférieures, il semble qu'il y ait une différence de nature[3] » ; « seule est immortelle la partie rationnelle de l'âme[4]. » Que reste-t-il alors des preuves de l'immortalité dans le *Phédon*? Elles « sont largement viciées par la continuelle exploitation... des ambiguïtés sur la notion même d'âme[5]. »

Si la doctrine de Platon sur la nature et la fonction de l'âme devait aboutir logiquement à reconnaître l'immortalité du seul principe pensant, Atticus n'entre pas dans ces distinctions ; il garde la conviction que l'âme entière est immortelle[6]. Peut-être inclinait-il pour son compte à attribuer, comme Aristote, l'immortalité au seul intellect ; « mais nous n'avons pas de documents suffisants pour admettre chez lui un tel

1. *Oracles chaldaïques*, p. 206 sv.
2. Cf. P. Merlan, ap. A. H. Armstrong, *The Cambr. History*..., p. 28.
3. A. Rivaud, *Notice* du *Timée*, Paris, 1925, p. 88 ; cf. V. Brochard, *Études de philosophie ancienne*..., Paris, ²1926, p. 101-105.
4. P.-M. Schuhl, *L'œuvre de Platon*, Paris, 1954, p. 101.
5. T. M. Robinson, *Plato's Psychology*, Toronto, 1970, p. 159.
6. Cf. J. Baudry, *Atticos*, p. xxiv. D'après R. Joly (*Christianisme et philosophie*, Bruxelles, 1973, p. 58), Plutarque, allié d'Atticus sur la création du monde, ne partageait pas sa foi en l'immortalité de l'âme. Voir cependant *La religion grecque*, p. 270-271.

dédoublement de pensée », et le fragment 7, conservé par Eusèbe, contient « une déclaration très nette que l'âme entière... est destinée à une survivance personnelle[1]. » Le témoignage de Proclus ne doit pas prévaloir là-contre[2].

Voici, dans le résumé de P. Merlan, les principales objections d'Atticus à la psychologie d'Aristote. « Tout d'abord, elle enlève à l'âme son caractère de substance incorporelle... Naturellement, comme Aristote nie virtuellement l'existence de l'âme, il serait vain de voir en lui un tenant de la doctrine platonicienne de l'immortalité... Sans doute, il tire tout mouvement d'un principe. Mais il nie que ce principe soit l'âme, ce qui va directement contre les assertions de Platon... On dira que, s'il refuse l'immortalité à l'âme, il l'accorde au *noûs*, et qu'à cet égard il s'avère un allié des platoniciens. Mais, réplique Atticus, il laisse la nature du *noûs* entièrement inexpliquée. Il n'explique pas davantage d'où vient le *noûs*, ni où il va. En tout cas, il se sépare de Platon, pour qui le *noûs* ne peut exister indépendamment de l'âme[3]. »

On notera qu' « après avoir présenté les objections d'Atticus à la psychologie d'Aristote, Eusèbe (XV 10) rapproche correctement son attitude et celle de Plotin... Pour Atticus, ce n'est pas l'homme qui pense, qui veut, qui se souvient ; c'est l'âme ; et si ce n'est pas elle, qu'advient-il de toutes ces activités une fois qu'elle est séparée du corps? C'en est fait de la mé-

1. Cf. J. Baudry, *Atticos*, p. XXV.

2. D'après ce témoignage (notre fr. 15), « les Atticus, les Albinus et autres pareils font périr et la vie irrationnelle tout entière et le véhicule pneumatique de l'âme, estimant suivre ainsi la lettre du texte où Platon fait périr l'âme irrationnelle quand il l'appelle 'mortelle' ». Mais, malgré « l'alliance traditionnelle entre *alogon* de l'âme et *okhèma* », « ni Albinus ni Atticus ne parlent de l'*okhèma*... ; comme le note Dodds (*Proclus*[2], 306, n. 3), 'il est possible que Proclus prête à ces auteurs l'idée d'un véhicule pneumatique' » (A.-J. Festugière, *Proclus*, « *Timée* », V, p. 98, n. 3 et 99, n. 1).

3. P. Merlan, *op. cit.*, p. 73-74.

moire, que Plotin maintient après la mort[1]. » Cependant, Plotin ne cite nulle part Atticus[2], et nous ne parlerons pas de lui dans la section suivante, consacrée à la « survie ».

IX. La survie d'Atticus

S'il est vrai que « le platonisme officiel a fait le silence sur son traité plein de polémique acerbe[3] » — aussi bien, comme Plutarque, n'était-il qu'un « platonicien marginal[4] » — il semble qu' « Ammonius, le maître d'Origène[5] », l'ait plus d'une fois pris à partie. Dans le *Traité de la Providence et du destin*, où il paraît s'inspirer d'Ammonius et dont nous connaissons les grandes lignes par deux notices de Photius[6], Hiéroclès attaquait « les disciples de Platon et d'Aristote qui avaient employé leur zèle et leur travail à mettre leurs maîtres en contradiction sur les points essentiels des deux doctrines, poussant le goût de la querelle et l'outrecuidance jusqu'à falsifier leurs écrits pour mieux montrer leur désaccord. Et ce fléau n'a cessé de sévir dans les écoles de philosophie jusqu'à Ammonius d'Alexandrie, le disciple instruit par Dieu[7]. » Voilà pour le codex 251 ;

1. P. Merlan, *op. cit.*, p. 75.
2. Bien qu'il « lût » ses commentaires (cf. p. 9, n. 3).
3. H. Dörrie « Plotino—tradizionalista o innovatore? », ap. *Atti del convegno... Plotino e il neoplatonismo* (Accad... Lincei, 1974, quaderno 198), p. 195, n. 2.
4. Id., in *Entretiens sur l'antiquité classique*, XII, 1966, p. 10, n. 1 : les fragments polémiques de ce « Paraplatoniker » s'inséraient mal dans le platonisme scolaire du IIe siècle.
5. C'est le titre du mémoire inédit que W. Theiler a mis en tête de ses *Forschungen zum Neuplatonismus*, 1966, p. 1-45 : « Ammonios der Lehrer des Origenes. » Tout en distinguant personnellement deux Ammonius et deux Origène, il reconnaît que les identifications (un seul Ammonius, un seul Origène) gardent des partisans et que certains détachent Hiéroclès d'Ammonius (p. 2-3).
6. Codex 214 (R. Henry, *Bibliothèque*, III, 1962, p. 125 sv.) et 251 (ibid., VII, 1974, p. 189 sv.).
7. Codex 251, 461 a 24-32 Bekker (Henry, p. 191, dont je modifie légèrement la traduction).

le codex 214 s'exprime de même ; et l'un et l'autre prolongent l'éloge d'Ammonius, que voici dans le codex 214 : « C'est lui qui a ramené à leur pureté les doctrines des anciens philosophes, émondé les pousses superflues qui grandissaient chez l'un et l'autre et montré l'accord entre la pensée de Platon et celle d'Aristote sur les questions de doctrine importantes et les plus nécessaires[1]. » Parmi les adversaires de toute conciliation entre Platon et Aristote, un des premiers visés pourrait être Atticus. C'est à lui que Porphyre répondit par le traité perdu *Que les écoles de Platon et d'Aristote n'en font qu'une*[2].

Ammonius enseignait dans la première moitié du IIIe siècle. Au IVe, Arius demande à Atticus l'essentiel de son platonisme[3]. Alors que d'autres (Numénius, fr. 21 ; Porphyre ap. Procl., *In Timaeum*, I, 300, 2-6) distinguaient le père et le démiurge (ποιητής ou δημιουργός), Atticus les identifiait (ibid., I 305, 6-16 : notre fr. 12 ; *P. E.* XV 13, 5 : notre fr. 9, l. 35)[4] ; et sur cet unique Créateur et Père il avait « accumulé les prédicats théologiques, en réduisant toutes les autres puissances à un rang subalterne, plutôt que d'enseigner un Absolu transcendant qui ne pouvait être connu et décrit qu'en qualité de second principe. Atticus encore insiste sur le vouloir divin ; il enseigne (même si ce n'est pas au sens plus tardif des chrétiens) que le monde a eu un commencement dans le monde et a été tiré du néant. Il est même possible que l'exégèse arienne... ait des rapports avec l'exposé assez littéral que fait Atticus de ses textes platoniciens[5]. »

1. Codex 214, 172 a 4-9 Bekker (Henry, p. 126).
2. Cf. J. Bidez, *Vie*, p. 68*, n° 32 (ci-dessus, p. 16 et n. 1).
3. Cf. G. C. Stead, « The Platonism of Arius » (in *Journal of Theol. St.*, N. S. 15, 1964, p. 16-31), p. 31 ; E. P. Meijering, in *Vigiliae christianae*, 28, 1974, p. 161-168 = *God Being History*, p. 81-88.
4. G. C. Stead (p. 23, n. 1) montre, après C. Andresen (*Z. N. W.*, 44, 1952/1953, p. 167-168, citant Justin, *Apol.* II 10, 6), que « δημιουργός était une variante normale pour ποιητής ». Elle l'était pour Eusèbe (*P. E.*, XV, 6, 1 début : notre fr. 4, l. 3-4).
5. G. C. Stead, *ibid.*, p. 31.

Au ve siècle, Syrianus, le maître de Proclus, mentionne Atticus, à propos des Idées, entre Plutarque et le platonicien Démocrite ; mais c'est à Proclus que nous devons le meilleur de notre information en dehors d'Eusèbe[1]. Le *Théophraste* d'Énée de Gaza résume bien les principaux griefs contre Aristote[2]. Au début du siècle, Théodoret de Cyr nommait deux fois Atticus, la première fois pour introduire une citation de lui, la seconde pour l'opposer à l' « hédonisme » d'Aristote[3].

Au vi^e^ siècle, le chrétien Jean Philopon déclare dans son traité *De l'éternité du monde* (VI 27) qu'il passera sous silence les Plutarque et les Atticus, car « les maîtres de notre doctrine en ont donné de longs extraits dans leurs propres écrits ; l'un d'eux est Eusèbe, qui a régi l'église de Césarée[4] » ; il mentionne Atticus en deux autres endroits du même traité, la seconde fois pour lui reprocher de n'avoir pas fait état du *Politique* comme du *Timée*[5]. Simplicius le cite deux fois dans son commentaire des *Catégories* d'Aristote[6]. Stobée connaissait peut-être de lui un traité *De l'âme*[7].

Jusqu'à la Renaissance, son nom ne sera pas oublié. Pléthon (c. 1360-1452) se souvenait peut-être de lui (et de Taurus ou de Porphyre) quand il écrivait son traité « Des désaccords de Platon et d'Aristote[8] ». A propos de l'éternité du monde, Marsile Ficin départage adversaires (« Sévérus, Atticus, Plutarque, beaucoup

1. Fr. 12-36.
2. Fr. 37.
3. *Thérap.*, VI 58 (citant fr. 3, l. 41-42 : Eus., *P. E.*, XV 5, 5 fin ; II, 357, 2-3 M.) et XII 52 (cf. *P. E*, XV 3 ; II, 349, 24-26 M.).
4. Philopon, *De aet. m.*, VI 27 (p. 211, 14-18 R. ; notre fr. 38 a, l. 4-7).
5. *Ibid.*, XIII 15 (p. 519, 22-25 R. : fr. 38 b) et XVIII (p. 606, 16-22 R. : fr. 39).
6. *C. A. G.*, VIII, p. 30, 16-17 K. (fr. 41) ; p. 32, 19-21 (fr. 42 a).
7. *Anth.*, I 49, 37 et 40 (fr. 10-11).
8. *P. G.*, 160, c. 889-929 ; ci-dessus, IV, p. 16, n. 1.

d'autres ») et partisans (« Plotin, Porphyre, Jamblique, Proclus »)[1].

X. La langue et le style

Le vocabulaire d'Atticus est relativement simple ; il ne recherche pas les mots rares[2] ; s'il est parfois difficile à interpréter, cela tient à un certain manque de rigueur dans la terminologie et à la complication des phrases : ainsi, au fr. 6 (l. 55-63), les deux paragraphes XV 8, 8-9, où le texte souffre peut-être d'une lacune ; au fr. 9 (l. 35-52), la période, d'ailleurs particulièrement soignée, qui remplit le § 5 de XV 13 et termine les citations d'Eusèbe.

L'ironie d'Atticus à l'égard d'Aristote est à la fois moins acerbe et plus pesante que celle de Numénius persiflant l'Académie postplatonicienne. Elle recourt à des comparaisons dont deux au moins, nous l'avons vu[3], pourraient venir de Numénius : celle de la seiche qui se dissimule dans son encre, celle de Penthée déchiré par les Bacchantes. En voici d'autres. Le « greffier de la nature » s'intéresse aux phénomènes extérieurs sans prendre conscience de sa propre âme » (XV 9, 9 ; fr. 7, l. 46-49). « En offrant l'absence de crainte à l'égard des dieux, il croit encore procurer un moyen d'éviter le mal ; c'est agir comme un médecin qui, tandis que le malade vit encore, néglige de le secourir et, après la mort, essaie d'inventer des procédés pour sauver le défunt » (XV 5, 6 ; fr. 3, l. 44-48). Il « transfère à un objet auquel elles ne conviennent pas les propriétés correctement observées par Platon sur d'autres réalités.

1. *Théol. platonic. de l'immortalité de l'âme*, XVII 4 (p. 169 R. Marcel, III, 1970).

2. Cf. J. Baudry, *Atticos*, p. XLIX. Et voir l'*index verborum* de la présente édition, limité, comme celui de Numénius, aux termes garantis par les citations littérales d'Eusèbe.

3. Ci-dessus, section VI, « Numénius et Atticus ».

Tout comme certains des sculpteurs modernes : ils imitent de telle statue la tête, de telle autre le buste, d'une troisième la ceinture, réunissant quelquefois des éléments qui ne s'harmonisent pas les uns avec les autres ; et ils se persuadent qu'ils ont fait œuvre personnelle ; en réalité, si l'ensemble, dont on critiquerait la disproportion, est bien à eux, les pièces ainsi quêtées, avec ce qu'elles ont de beau, ne le sont pas » (XV 7, 4-5 ; fr. 5, l. 45-54). Immédiatement après, Atticus dénonce la contradiction qui s'attache à la notion de « corps impassible » (XV 7, 6-7 ; fr. 5, l. 54-74).

Que cette polémique manque de grâce, on le concédera volontiers à J. Baudry, encore qu'il en exagère la « passion de dénigrement[1] ». Un autre défaut est la fréquence des redites ; il y en a beaucoup dans le troisième fragment, surtout à la fin (XV 5, 14) ; mais Baudry, qui en veut plus encore à celles du fragment 2 (XV 4) — le bonheur et la vertu[2] — finit sur une note indulgente : « Le polémiste, par son allure vivante et même dramatique, enlève heureusement ce que le commentateur aurait de trop monotone ou de trop didactique, et laisse finalement l'impression d'un style parlé où les gaucheries et les répétitions paraissent presque naturelles[3]. »

Dans l'ensemble, nous ne pouvons que souscrire au jugement d'O. Gigon : « Atticus n'écrit pas mal : clair, adroit, avec une culture multiforme et un tempérament par lequel on se laisse volontiers séduire, même si parfois il se permet des comparaisons et des apostrophes à bon marché. Il connaît bien Platon et Aristote. Les reproches qu'il fait à ce dernier sont formulés malicieusement, mais bien envoyés et, du point de vue

1. J. Baudry, p. XLIX.
2. Id., p. L.
3. Id., p. LII.

d'un platonicien (parfois légèrement teinté de stoïcisme), tout à fait compréhensibles[1]. »

Ces quelques lignes, pourtant, omettent un aspect religieux qui n'a pas échappé à P. Henry. Lors d'une discussion de la Fondation Hardt sur « le transcendant dans le platonisme moyen », il s'exprimait ainsi : « Je vois en Atticus d'une part un platonicien 'fondamentaliste', quelqu'un qui s'accroche à la lettre de Platon ; mais, d'autre part, je trouve chez lui un sentiment religieux et moral extrêmement puissant ; par là il s'oppose à son contemporain, le représentant d'une autre école, peut-être plus classique, d'interprétation platonicienne, Albinus le rationaliste pur. Vous avez, chez Atticus même, le mot *pistis*, qui apparaît, par exemple, au fragment cité par Eusèbe, *P. E.* XV 5, 13 (fr. 3, l. 92). Aussi je me demande si, dans la ligne platonicienne même, il n'y a pas à tenir compte d'un Atticus presque mystique et en tout cas religieux, même si ce mysticisme ne porte pas directement sur l'assimilation à l'Un[2]. »

La *pistis* d'Atticus a-t-elle cette valeur « presque mystique »? Il croyait, en tout cas, aux valeurs les plus hautes du platonisme ; la formule qu'il a retenue de la *République* et qui assigne pour but à l'éducation de « tirer les jeunes âmes en haut, vers le divin, pour les familiariser avec la vertu et le beau » (XV 4, 6 ; fr. 2, l. 47-49), est à rapprocher d'une autre de son contemporain Maxime de Tyr, lui aussi un platonicien moyen : « En se tendant vers le ciel, atteindre par l'âme le divin », τῇ ψυχῇ τῷ θείῳ ἐντυγχάνειν[3].

1. O. Gigon, ap. *Aristoteles. Einführungsschriften*, 1961, p. 294.

2. *Entretiens sur l'antiquité classique*, V, Vandœuvres-Genève, 1960, p. 233-234.

3. Max. Tyr., *Or.* 2, 2 (p. 20, 9-10 Hobein), cité avec le texte précédent par J. Haussleiter, *s. v.* « Erhebung des Herzens », ap. *R. A. C.*, VI, 1966, c. 4.

XI. Texte et traduction

Pour le texte des fragments transmis par Eusèbe, la situation d'Atticus est identique à celle de Numénius[1], et, comme l'édition de Numénius, celle d'Atticus reproduit en substance le texte de K. Mras, sauf qu'une collation personnelle des manuscrits B et D (Paris. gr. 465 et 467) a entraîné quelques divergences ; D, en particulier, est moins lié à N que ne le veut Mras ; il s'accorde souvent avec I contre tous les autres témoins. Pas plus que pour Numénius le Paris. gr. 451 (A) n'avait à intervenir : les fragments d'Atticus appartiennent aux seuls livres XI (fr. 1) et XV (fr. 2-9). Les « manuscrits spéciaux contenant les extraits d'Atticus » que J. Baudry a consultés[2] sont des copies de B, tardives et sans intérêt ; en particulier, celle qui termine le manuscrit du XVIe siècle, Escurial T. II 5 (n° 144), fol. 200 v°-207 r°, collationnée par E. Miller sur l'édition Gaisford[3], n'apporte pas de leçon importante ; aucun de ces manuscrits ne figurera dans l'apparat[4].

Comme pour Numénius, les autres fragments sont en réalité des « témoignages ». J. Baudry les avait né-

1. Cf. *Numénius. Fragments*, p. 34-35.
2. Cf. J. Baudry, *Atticos*, p. LVI-LVII.
3. E. Miller, *Catalogue des manuscrits grecs de la bibliothèque de l'Escurial*, Paris, 1848, p. 118-125. Le ms. a nos fr. 2-3, 5-7 et 9.
4. Voir ci-après le *conspectus siglorum*. Je n'ai rien trouvé à prendre dans le Paris. Suppl. gr. 907 (XVIe s.), qui contient (p. 133-160) les fr. 2, 3, 5, 6, 7 et 9 ; ni dans le Paris. gr. 1739 (XVe s.), qui contient (fol. 366 r°-367 r°, l. 1) le fr. 9 (XV 13, 1-5) avec les premiers mots d'Eusèbe au § 6, τοσαῦτα ὁ Ἀττικός. Vient ensuite (367 r°-375 v°) le chap. 22 = Plotin, *Enn.* IV 7, 1, 8[4] ; l'*Inventaire* d'Omont ferait croire qu'Atticus continue jusqu'au fol. 376. En faveur d'une parenté de ces manuscrits avec B, cf. (p. 377, 12 M. ; fr. 9, l. 38) τῶν νοηθέντων cum BV[1] : τῷ νοηθέντι ceteri. Mais le S. gr. 907 ne peut dépendre de B pour le fr. 2, qui manque dans B ; il s'y rapproche de V ou de N, souvent des deux ; et à la l. 33 du fr. 5, il a l'αὐτῷ de tous les manuscrits sauf B, non le κενόν de B.

gligés, à tort semble-t-il[1]; sur l'origine du monde, par exemple, nous ne connaissons que par Proclus la position d'Atticus (et de Plutarque); il est vrai que sur d'autres points, comme la survie de l'âme irrationnelle, Proclus est peut-être une autorité moins incontestable[2]. La provenance des autres fragments a été indiquée au début de cette notice[3]; pour toutes ces sources, dont l'*index fontium* donnera le détail, le texte paraissait bien établi.

Les traductions ne manquaient pas non plus. Les extraits de Proclus appartiennent tous aux commentaires de la *République* et surtout du *Timée*, traduits l'un et l'autre par A.-J. Festugière. Quant à ceux d'Eusèbe, la traduction Baudry, souvent excellente, a fourni plus d'une expression et des phrases entières; mais il y avait grand profit à consulter les traductions en d'autres langues : en anglais, E. H. Gifford, au t. III de son édition de la *Préparation évangélique*[4]; en allemand, O. Gigon, parmi les *Aristoteles Einführungsschriften*[5]; en italien, G. Martano[6].

1. C'est le principal reproche que lui fait P. Merlan à la fin d'une longue recension (*Gnomon*, 10, 1934, p. 270) : il s'est contenté, dans son *Introduction*, de traductions partielles ou d'allusions.

2. Cf. ci-dessus, VIII, p. 23, n. 2.

3. Section II, « L'œuvre ».

4. *Eusebii Pamphili Evangelicae Praeparationis libri XV*... rec. E. H. Gifford, I-IV, Oxford, 1903. Le t. III (en deux volumes) contient la traduction; le t. IV, les notes.

5. O. Gigon, *Aristoteles Einführungsschriften*, Zurich et Stuttgart, 1961, p. 296-321.

6. G. Martano, *Due precursori del neoplatonismo*, Naples, [1958?], p. 36-56.

BIBLIOGRAPHIE

I. — Éditions et traductions

A. — Atticus.

F. G. A. Mullach, *Fragmenta philosophorum graecorum*, III, Paris, 1879, p. 185-202.

J. Baudry, *Atticos. Fragments de son œuvre*, avec introduction et notes (et trad. française), Paris, 1931.

B. — Autres auteurs anciens.

Albinus.

Epitome, éd. P. Louis, Paris, 1945 (avec trad. française).

Alexandre d'Aphrodise.

Quaestiones, ed. I. Bruns (Supplementum aristotelicum II 2), Berlin, 1892.

Calcidius.

Timaeus a Calcidio translatus commentarioque instructus..., ed. J. H. Waszink (« Plato Latinus », IV), Londres et Leyde, 1962.

Damascius (*v.* Olympiodore).

Énée de Gaza.

Enea di Gaza, Teofrasto, ed. M.-E. Colonna, Naples, 1958.

Épicure.

Epicurea, ed. H. Usener, Leipzig, 1887.

Epicuro. Opere, ed. G. Arrhighetti, Turin, [1]1960, [2]1973.

Eusèbe de Césarée.

Eusebii Pamphili Praeparatio Evangelica, ed. F. Viger, Paris, 1628 (avec trad. latine).

Eusebii Pamphili Praeparationis Evangelicae libri XV..., rec. E. H. Gifford, I-IV, Oxford, 1903 (avec trad. anglaise).

Eusebius Werke. Achter Band. *Die Praeparatio Evangelica*, herausg. v. K. Mras (G. C. S. 43), I-II, Berlin, 1954-1956.

Numénius.

E.-A. Leemans, *Studie over den Wijsgeer Numenius van Apamea met Uitgave der Fragmenten* (Acad. royale de Belgique, cl. des Lettres, 8°, 37. 2), Bruxelles, 1937.

Numénius, Fragments, éd. É. des Places (Coll. des Univ. de France), Paris, 1973 (avec trad. française).

[Olympiodore].

In Platonis Phaedonem commentaria, ed. William Norvin, Leipzig, 1913.

Oracles chaldaïques

G. (= W.) Kroll, *De oraculis chaldaicis* (Breslauer philologische Abhandlungen, 7. 1), Breslau, 1894; réimpr. Hildesheim, 1962.

Oracles chaldaïques, éd. É. des Places (Coll. des Univ. de France), Paris, 1971 (avec trad. française).

Philopon.

Io. Philoponus, *De aeternitate mundi contra Proclum*, ed. H. Rabe (Bibl. Teubneriana), Leipzig, 1899.

Plutarque.

De animae procreatione in Timaeo, ap. *Moralia*, VI. 1, rec. C. Hubert-H. Drexler (ibid.), *ibid.*, 1959.

P. Thévenaz, *L'âme du monde, le devenir et la matière chez Plutarque*, avec une traduction du traité « De la genèse de l'âme dans le *Timée* » (1re partie), Neuchâtel, 1938.

Porphyre.

In Aristotelis categorias commentarium, ed. A. Busse (C. A. G., 4. 1), Berlin, 1887.

Proclus.

The Elements of Theology, ed. E. R. Dodds, Oxford, 1933, ^{2}1963 (avec trad. anglaise). Trad. française : J. Trouillard, Paris, 1965.

In Platonis rem publicam, ed. G. (= W.) Kroll (Bibl. Teubneriana), I-II, Leipzig, 1899-1901. Trad. française : A.-J. Festugière, I-III, Paris, 1970.

In Platonis Timaeum, ed. E. Diehl (*ibid.*), I-III, Leipzig, 1903-1906. Trad. française : id., I-V, Paris, 1966-1968.

Simplicius.

In Aristotelis categorias commentarium, ed. C. Kalbfleisch (C. A. G., 8), Berlin, 1907.

Stobée.

Io. Stobaei Anthologium, ed. C. Waschmuth-O. Hense, I-V, Berlin, 1884-1923.

Syrianus.

In Aristotelis metaphysica commentaria, ed. G. (= W.) Kroll (C. A. G., 6. 1), Berlin, 1902.

Théodoret de Cyr.

Thérapeutique des maladies helléniques, éd. P. Canivet (« Sources chrétiennes », 57), Paris, 1958 (avec trad. française).

II. — Ouvrages et travaux

A. H. Armstrong (Editor), *The Cambridge History of Later Greek and Early Medieval Philosophy*, Cambridge, 1967.

C. Andresen, *Logos und Nomos. Die Polemik des Kelsos wider das Christentum* (Arbeiten zur Kirchengeschichte, 30), Berlin, 1955.

A.-É. Chaignet, *Histoire de la psychologie des Grecs*, III, Paris, 1890.

E. R. Dodds : voir à Proclus, *The Elements of Theology*, et ci-après à *Entretiens.*

H. Dörrie, *Platonica minora*, Munich, 1976.

Entretiens sur l'antiquité classique, V (Les sources de Plotin) et XII (Porphyre), Vandœuvres-Genève, Fondation Hardt, 1960 et 1966.

A.-J. Festugière, *L'idéal religieux des Grecs et l'Évangile* (Études bibliques), Paris, 1932 ; et voir à Proclus.

O. Gigon, *Aristoteles Einführungsschriften*, Zurich et Stuttgart, 1961.

W. K. C. Guthrie, *A History of Greek Philosophy*, I-IV, Cambridge, 1962-1975.

H. J. Krämer, *Der Ursprung der Geistmetaphysik*, Amsterdam, 1964.

H. Lewy, *Chaldaean Oracles and Theurgy* (Inst. fr. d'arch. or., Rech. d'archéol., de philol. et d'hist., 13), Le Caire, 1956.

G. Martano, *Due precursori del neoplatonismo*, Naples, s. d. (1958?).

E. P. Meijering, *God Being History. Studies in Patristic Philosophy*, Amsterdam, 1975.

A. Orbe, *Estudios Valentinianos*, I-V, Rome, 1955-1966.

É. des Places, *Lexique de la langue philosophique et religieuse de Platon* (= Platon, *Œuvres complètes*, t. XIV), Paris, 1964.

Id., *La religion grecque*, Paris, 1969.

K. Praechter, *Kleine Schriften*, herausg. v. H. Dörrie, Hildesheim, 1973.

A. Rivaud, *Histoire de la philosophie*, I, Paris, [2]1960.

Id., *Le problème du devenir et la notion de la matière dans la philosophie grecque depuis les origines jusqu'à Théophraste*, Paris, 1906.

H.-R. Schwyzer, recension de « Mras, Eusebius, Praeparatio evangelica », in *Gnomon*, 32, 1960, p. 42-48.

J. Sirinelli, *Les vues historiques d'Eusèbe de Césarée durant la période prénicéenne*, Dakar, 1961.

W. Theiler, *Forschungen zum Neuplatonismus*, Berlin, 1966.

P. Thévenaz : voir à Plutarque.

J. H. Waszink : voir à Calcidius.

CONSPECTVS SIGLORVM

a) Codices Eusebii.

B = Parisinus graecus 465 (s. xiii ; c. 1270) ;
D = Parisinus graecus 467 (s. xv ex.) ;
I = Marcianus graecus 341 (s. xv) ;
G = Laurentianus VI 9 (a. 1344), copie de O, qu'il supplée aux endroits illisibles ;
N = Neapolitanus Bibl. nat. II A 16 (s. xv) ;
O = Bononiensis Bibl. univ. 3643 (s. xiii ex.) ;
V = Batopedianus (Vatopédi, Athos) 180 (c. 1335).

b) Codices Procli.

In rem publicam : L = Laurentianus LXXX 9 (s. ix ex. vel x in.) ;
V = Vaticanus graecus 2197 (altera pars eiusdem codicis) ;
In Timaeum : C = Parisinus Coislinianus 322 (s. xi ex. vel xii in.) ;
D = Parisinus graecus 1838 (s. xvi) ;
M = Marcianus graecus 195 (s. xiv ex. et xv) ;
N = Neapolitanus Bibl. nat. III D 28 (a. 1314) ;
P = Parisinus graecus 1840 (s. xvi) ;
Q = Paris. suppl. gr. 666 (s. xiv med.).

c) Codices Stobaei.

F = Neapolitanus Bibl. nat. Farnesianus 299 (s. xiv) ;
P = Parisinus graecus 2129 (s. xv).

⟨CONTRE CEUX QUI SE FLATTENT D'INTERPRÉTER PLATON PAR ARISTOTE⟩

Fr. 1 (1 Mullach et Baudry)

1. 2 Je rapporterai les vues de Platon d'après ses fidèles ; l'un d'eux, Atticus, qui s'est distingué parmi les philosophes platoniciens, expose en ces termes les idées du maître, dans l'écrit où il prend position « contre ceux qui se flattent d'interpréter Platon par Aristote[1] ».
(γ'. D'Atticus, sur la philosophie tripartite de Platon.)

2. 1 L'ensemble de la philosophie se divise donc en trois parties : le domaine qu'on appelle éthique, le domaine physique, enfin le domaine logique[2] ; le premier fait de chacun de nous un honnête homme[3], dirige vers la perfection les maisonnées entières, et c'est même tout le peuple qu'il harmonise par la constitution la meilleure et les lois les plus minutieuses ; le second atteint à la connaissance des réalités divines qui sont elles-mêmes principes et causes, et de tout ce qui en provient, ensemble que Platon appelle 'histoire de la nature'[4] ; et c'est pour assurer le jugement et la découverte dans ces deux premiers domaines qu'on s'adjoint le troisième ;
2 or, que Platon ait le premier et plus que personne ramené

1. Titre que K. Mras a trouvé aussi chez Alexandre d'Aphrodise (*Quaest. et sol.*, II 21 ; p. 70, 33-34 Bruns) ; cf. *Glotta*, 25, 1936, p. 187-188 ; « vraisemblable » pour P. Merlan, in *Philologus*, 113, 1969, p. 90 (cf. *Gnomon*, 10, 1934, p. 265, n. 3). Et voir la *Notice*, II, p. 8.

2. Cette division tripartite de la philosophie s'accorde avec celle d'Aristoclès dans le fragment du Περὶ φιλοσοφίας cité par Eusèbe au chapitre suivant (XI 3, 6 ; p. 9, 1-3 Mras) ; c'est celle qu'avait établie Antiochus d'Ascalon, alors que les stoïciens allaient de la logique à la morale (cf. P. Boyancé, « Cicéron et les parties de la philosophie », in *Revue des études latines*, 49, 1971, p. 127-154 ; p. 135, n. 2) ; mais elle n'a pas d'appui dans les dialogues de Platon (A. Graeser, *Zenon von Kition*, Berlin, 1975, p. 8, n. 2). — Le τρόπον de D

⟨Πρὸς τοὺς διὰ τῶν Ἀριστοτέλους τὰ Πλάτωνος ὑπισχνουμένους⟩

Fr. 1 (1 Mullach et Baudry)

(Eus., *Pr. ev.*, XI, 1, 2-2, 1-6 ; p. 509 a-510 a Viger ; II, p. 6, 19-8, 4 Mras)

(509 a V.) 1. 2 ... Θήσω δὲ τὰ ἀρέσκοντα Πλάτωνι ἀπὸ τῶν τὰ αὐτοῦ πρεσβευόντων, ὧν Ἀττικὸς διαφανὴς ἀνὴρ τῶν πλατωνικῶν φιλοσόφων ὧδέ πῃ τὰ δοκοῦντα τῷ ἀνδρὶ διέξεισιν, ἐν οἷς ἵσταται 'Πρὸς τοὺς διὰ τῶν Ἀριστοτέλους τὰ Πλάτωνος ὑπισχνουμένους'.

b (γʹ. Ἀττικοῦ περὶ τοῦ τριμεροῦς τῆς κατὰ Πλάτωνα φιλοσοφίας.)

2. 1 **Τριχῇ τοίνυν διαιρουμένης τῆς ἐντελοῦς φιλοσοφίας, εἴς τε τὸν ἠθικὸν καλούμενον τόπον καὶ τὸν φυσικὸν καὶ ἔτι τὸν λογικόν, καὶ τοῦ μὲν πρώτου κατασκευάζοντος ἡμῶν ἕκαστον καλὸν κἀγαθὸν καὶ τοὺς οἴκους ὅλους εἰς τὸ ἄριστον ἐπανορθοῦντος, ἤδη δὲ καὶ δῆμον**
c **σύμπαντα πολιτείᾳ τῇ διαφερούσῃ καὶ νόμοις τοῖς ἀκριβεστάτοις κοσμοῦντος, τοῦ δευτέρου δὲ πρὸς τὴν περὶ τῶν θείων γνῶσιν διήκοντος αὐτῶν τε τῶν πρώτων καὶ τῶν αἰτίων καὶ τῶν ἄλλων ὅσα ἐκ τούτων γίνεται, ἃ δὴ 'περὶ φύσεως ἱστορίαν' ὁ Πλάτων ὠνόμακεν, εἰς δὲ τὴν περὶ τούτων ἀμφοτέρων διάκρισίν τε καὶ εὕρεσιν τοῦ τρίτου παραλαμβανομένου ·** 2 **ὅτι μὲν Πλάτων πρῶτος**

CITATIONES : 17 (περὶ φύσεως ἱστορίαν) = Plato Phaedo 96 a 7.

IBOND

3 τῷ ἀνδρὶ I : om. BOND ‖ 9 τόπον IBON : τρόπον D (Viger Mullach) ‖ 16 τούτων ND : τούτου IBO.

à l'unité toutes les parties de la philosophie jusqu'alors dispersées et déchirées comme les membres de Penthée, ainsi que l'a dit quelqu'un[5] ; qu'il ait fait de la philosophie un corps, un vivant complet, c'est ce qu'il suffit de dire pour que l'évidence en apparaisse à tout le monde. 3 On n'ignore pas, en effet, que les Thalès, les Anaximène, les Anaxagore et tous leurs émules ne se sont occupés que d'étudier la nature ; on sait que Pittacos, Périandre, Solon[6], Lycurgue et leurs pareils ont mis leur philosophie dans une constitution ; Zénon et toute cette fameuse école éléatique sont connus, eux aussi, pour avoir cultivé, avant tout, l'art de la discussion[7]. 4 Leur successeur, Platon, cet homme initié et comblé par la nature[8] et tellement supérieur, vraiment envoyé par les dieux pour révéler dans son intégrité la philosophie que le monde lui doit[9], n'a rien négligé, il a tout mis au point, sans rien omettre d'essentiel, sans dévier vers l'inutile. 5 Puis donc, disions-nous, que le platonicien a partout sa place, qu'il scrute la nature[10], traite des mœurs et règle la dialectique, allons ! examinons chacune de ces parties.

6 Voilà pour Atticus.

semble à première vue préférable ; avec Mras, cependant, nous lisons τόπον, mieux attesté. [Aristote appliquait le mot aux parties d'un organisme (Bonitz, 767 a 2 ss.), et Apollodore, selon D. L. VII 39 (p. 314, 19 Long), appelait τόποι les parties de la philosophie. (P. T.)]

3. Au sens du XVIIe siècle, qui est celui de καλὸς κἀγαθός au moins à partir de Xénophon ; P. Chantraine (à *Économique*, VI 7 ; cf. p. 56, n. 3 de son édition de 1949) traduit : « un homme bien ».

4. Cf. *Phédon*, 96 a 6-7.

5. Cf. Numénius, fr. 24, l. 71 de mon édition (1973), ap. Eusèbe, *P. E.*, XIV 5, 8, où il s'agit des distorsions que l'Académie postérieure inflige au platonisme ; voir la note *ad loc.* Le « quelqu'un » pourrait être Numénius, que semble viser un autre fragment d'Atticus, le quatrième (*P. E.*, XV 6, 3 ; II 360, 3 Mras) ; cf. K. Mras, *Glotta*, 25, 1936, p. 188 ; ci-dessus, *Notice*, VI, « Numénius et Atticus ». « Dispersées et déchirées » calque l'*hystéron protéron* du grec.

6. Trois des « sept sages » de la Grèce ; Pittacos de Mytilène nous est connu surtout par Alcée et le tyran de Corinthe Périandre par Hérodote. — Voir aux Notes complémentaires (p. 83 sv.), ou parfois à la page précédente ou suivante, les notes qui manquent en bas de page.

καὶ μάλιστα συναγείρας εἰς ἓν πάντα τὰ τῆς φιλοσοφίας
μέρη, τέως ἐσκεδασμένα καὶ διερριμμένα ὥσπερ τὰ τοῦ
Πενθέως μέλη, καθάπερ εἶπέ τις, σῶμά τι καὶ ζῷον ὁλόκλη-
d ρον ἀπέφηνε τὴν φιλοσοφίαν, δῆλα παντὶ λεγόμενα.
3 Οὔτε γὰρ οἱ περὶ Θαλῆν καὶ ᾿Αναξιμένην καὶ ᾿Αναξα-
γόραν καὶ ὅσοι κατὰ ταὐτὸ γεγόνασι τούτοις ἀγνοοῦνται
περὶ μόνην τὴν ὑπὲρ τῆς φύσεως τῶν ὄντων σκέψιν
διατρίψαντες · οὐ μὴν οὐδὲ Πιττακὸς καὶ Περίανδρος
καὶ Σόλων καὶ Λυκοῦργος καὶ οἱ παραπλήσιοι τούτοις
λανθάνουσί τινας τὴν αὐτῶν φιλοσοφίαν εἰς πολιτείαν
καταθέντες · Ζήνων δὲ καὶ πᾶν τὸ ἐλεατικὸν τοῦτο
διδασκαλεῖον καὶ αὐτὸ γνώριμον ἐπὶ τῇ τέχνῃ τῶν λόγων
μάλιστα σπουδάσαν. 4 Τούτοις δ᾿ ἐπιγενόμενος Πλάτων,
(510) ἀνὴρ ἐκ φύσεως | ἀρτιτελὴς καὶ πολὺ διενεγκών, οἷα
κατάπεμπτος ὡς ἀληθῶς ἐκ θεῶν, ἵν᾿ ὁλόκληρος ὀφθῇ
ἡ δι᾿ αὐτοῦ φιλοσοφία, παρῆκέ τ᾿ οὐδὲν καὶ ἕκαστα ἠκρί-
βωσε, μήτ᾿ ἐλλείπων πρὸς τὸ ἀναγκαῖον μήτε πρὸς τὸ
ἄχρηστον ἐξενεχθείς. 5 ᾿Επεὶ τοίνυν πάντων ἔφαμεν
μετεῖναι τῷ Πλατωνικῷ καὶ φυσιολογοῦντι καὶ περὶ ἠθῶν
λέγοντι καὶ διαλεγομένῳ, φέρε καθ᾿ ἕκαστον ἐπισκεψώ-
μεθα.

6 Ταῦτα μὲν ὁ ᾿Αττικός.

CITATIONES : 22 (Πενθέως) Numen. xɪv 5, 8 (fr. 24, l. 71).

IBOND

25 κατὰ ταὐτὸ IO : κατ ᾿αὐτὸν D κατ ᾿αὐτὸ BN ‖ 32 σπουδάσαν IO : σπεῦσαν ND πᾶσαν B ‖ 33 διενεγκών, οἷα Estienne : οἷα διενεγκὼν codd. ‖ 35 ἡ δι᾿ αὐτοῦ] δι᾿ αὐτοῦ ἡ Mullach δι᾿ αὐτοῦ Viger ‖ 38 πλατωνικῷ] Πλάτωνι D ‖ 39-40 ἐπισκεψώμεθα] -σκεψόμεθα D.

Fr. 2 (2 Mullach et Baudry)

P. E., XV 3 est l'introduction d'Eusèbe au fr. 2 (= XV 4) ; voici la traduction de ce chapitre :

3 Moïse et les prophètes hébreux avaient donné pour fin à la vie heureuse la connaissance du Dieu de l'univers et l'amitié avec lui qui s'obtiennent par la piété ; et la vraie piété, d'après eux, était de plaire à Dieu par une vertu achevée (telle était la source des biens, car tous dépendaient de Dieu seul et c'est lui qui les procurait tous à ses amis). Platon décidait dans le même sens, en proclamant fin du bonheur la vertu. Mais Aristote suivit l'autre voie ; pour lui, on ne serait heureux que par la santé physique et l'abondance des biens extérieurs, sans lesquels la vertu même est inutile. Contre lui s'élevèrent les disciples de Platon, qui démontrèrent la fausseté de sa conception, comme on peut l'apprendre par les citations suivantes.

(δʹ. Du platonicien Atticus contre Aristote en désaccord avec Moïse et Platon sur la question de la fin.)

4. 1 Puisque l'ensemble de la philosophie, de l'avis commun des philosophes, promet aux hommes le bonheur, et qu'elle se divise en trois parties selon la répartition créatrice de l'univers[1], on verra le péripatéticien si éloigné d'enseigner là-dessus une doctrine tant soit peu platonicienne que, parmi le grand nombre des adversaires de Platon, il lui apparaîtra plus opposé que personne. 2 Et tout d'abord il s'est séparé de Platon sur le point essentiel et qui intéresse tout le monde, quand il s'est mépris sur le critère du bonheur en refusant à la vertu d'y suffire par elle-même, en renonçant à la force de la vertu et en lui estimant nécessaires encore les biens de la fortune, pour saisir avec eux le bonheur ; laissée à elle-même, il lui reprochait de ne pouvoir y atteindre[2]. 3 Montrer la bassesse et la fausseté de cette opinion et des autres serait maintenant hors de propos ; mais une chose, je pense, est manifeste : puisque le but[3] et le bonheur ne sont pas égaux ni identiques selon Platon et selon Aristote, quand l'un ne cesse de clamer et de claironner que

Fr. 2 (2 Mullach et Baudry)

(Eus., *Pr. ev.*, XV, 4, 1-21 ; p. 794 b-798 b Viger ; II, p. 350, 1-355, 10 Mras)

(794 b V.) (δ'. Ἀττικοῦ Πλατωνικοῦ πρὸς Ἀριστοτέλην διενεχθέντα Μωσεῖ καὶ Πλάτωνι ἐν τῷ περὶ τοῦ τέλους λόγῳ.)

c **4.** 1 **Τῆς γὰρ συμπάσης φιλοσοφίας κοινῇ γνώμῃ τῶν φιλοσοφησάντων τὴν ἀνθρωπίνην εὐδαιμονίαν ὑπισχνουμένης, τριχῇ δὲ διαιρουμένης κατὰ τὴν τῶν ὅλων ποιητικὴν διανέμησιν, τοσοῦτον ἀποδέων ἐν τούτοις τοῦ διδάσκειν τι τῶν Πλάτωνος ὁ Περιπατητικὸς ὀφθήσεται ὥστε, πλειόνων ὄντων οἳ διαφέρονται Πλάτωνι, μάλιστ' ἐναντιούμενος αὐτὸς φανεῖται.** 2 **Καὶ πρῶτόν γ' ἀπὸ τοῦ κοινοῦ καὶ μεγίστου καὶ κυριωτάτου τὴν πρὸς Πλάτωνα παραλλαγὴν ἐποιήσατο, μὴ τηρήσας τὸ μέτρον** d **τῆς εὐδαιμονίας μηδὲ τὴν ἀρετὴν αὐτάρκη πρὸς τοῦτο συγχωρήσας, ἀλλ' ἀπολισθὼν τῆς δυνάμεως τῆς κατὰ τὴν ἀρετὴν καὶ ἡγησάμενος αὐτῇ προσδεῖν τῶν ἐκ τῆς τύχης, ἵνα μετὰ τούτων ἕλῃ τὴν εὐδαιμονίαν, εἰ δ' ἐφ' ἑαυτῆς λειφθείη, ὡς ἀδύνατον καὶ οὐκ ἐφικτὸν τῆς εὐδαιμονίας μεμψάμενος.** 3 **Τὸ μὲν οὖν ἀγεννὲς καὶ διημαρτημένον τῆς γνώμης ἐν τούτῳ τε κἂν τοῖς ἄλλοις οὐ τοῦ παρόντος δεικνύναι καιροῦ· ἐκεῖνο δ' οἶμαι πρόδηλον, ὅτι τοῦ σκοποῦ καὶ τῆς εὐδαιμονίας οὐκ ἴσων ὄντων οὐδὲ τῶν αὐτῶν κατὰ Πλάτωνα καὶ κατ' Ἀριστοτέλην, ἀλλὰ τοῦ μὲν βοῶντος ἑκάστοτε καὶ κηρύττοντος ὅτι εὐδαιμονέστατος ὁ δικαιότατος, τοῦ δὲ**

CITATIONES : 12 (αὐτάρκη) Arist. Eth. Nic. I 6, 1097 b 8 ; X 7, 1178 a 21-25 || 22-23 Plato res p. I 354 a al.

ITERATIONES : § 1 in. : fr. 1, l. 8.

TESTIMONIA : ad totum fragmentum alludit Theod. XII 52.

IOVND (in B caput 4 desideratur).

4 φιλοσοφησάντων OVND : -ημάτων I || 9 φανεῖται I : φαίνεται OVND || 16 λειφθείη OND : ληφθείη IV.

l'homme le plus heureux est le plus juste, alors que l'autre ne laisse pas la vertu s'accompagner du bonheur si l'on n'est aussi favorisé par la naissance, par la beauté, voire par l'or,

« marchant au combat couvert d'or, comme une fille[4] »,

il faut que la différence de la fin fasse différer aussi la philosophie qui y mène. 4 Car si l'on suit une seule route faite pour mener à un but petit et mesquin, on ne peut parvenir aux plus grands, installés sur les hauteurs.

'Vois-tu se dresser là-bas cette haute roche, ardue et méchante? C'est là qu'il perche, défiant ton assaut'[5].

5 Sur cette haute roche la bête perfide et maligne ne peut monter : pour que le renard atteigne les petits de l'aigle il faut ou bien que ceux-ci, par quelque fâcheuse fortune, leur nid détruit, tombent sur le sol, ou que lui, contre sa nature, pousse

'des ailes rapides à faire tournoyer'[6],

et ainsi, soulevé de terre, s'envole jusqu'à la haute roche ; mais tant que chacun reste au rang qui lui est propre, il n'est rien de commun entre les nourrissons de la terre et ceux du ciel.

6 Après d'autres considérations, il poursuit :

Puisqu'il en est ainsi et que Platon s'efforce de tirer les jeunes âmes en haut vers le divin, que par là il les familiarise avec la vertu et le beau, en les persuadant

4. Dans l'*Iliade*, il s'agit du Carien Amphimaque.

5. Avec H. J. Mette (*Museum Helveticum*, 18, 1961, p. 35) et L. M. West (*Studies in Greek Elegy and Iambus*, Berlin, 1974, p. 133), on peut voir ici « un débat du renard avec lui-même » (West), après quoi il se tourne vers Zeus (les quatre vers du fr. 177 West). Pour d'autres — mais « ton assaut » s'explique alors assez mal — dès le fr. 176 le renard s'adresse à Zeus, à qui il demande justice en lui montrant le repaire de l'aigle qui a dévoré ses petits ; la paraphrase d'Atticus insiste sur les difficultés de la vengeance. L'astuce du renard d'Archiloque était cependant proverbiale ; cf. l'allusion de Platon, *Rép.*, II, 365 c 5.

6. Discutant ce vers, A. Rivier y voit en tout cas « l'envol résultant du battement des ailes » (*R. É. G.*, 65, 1953, p. 465).

μὴ ἐπιτρέποντος ἕπεσθαι τῇ ἀρετῇ τὴν εὐδαιμονίαν, ἂν μὴ καὶ γένος εὐτυχήσῃ καὶ κάλλος, ἀλλὰ καὶ χρυσόν
(795) (ʽὃς | καὶ χρυσὸν ἔχων πόλεμον δ' ἴεν ἠΰτε κούρη'), ἀνάγκη κατὰ τὴν διαφορὰν τοῦ τέλους καὶ τὴν ἐπὶ τοῦτ' ἄγουσαν φιλοσοφίαν διάφορον εἶναι. 4 Μιᾷ γὰρ ὁδῷ βαδίζοντα, ἥτις ἄγειν πέφυκεν ἐπί τι τῶν μικρῶν καὶ ταπεινῶν, οὐκ ἔστιν ἐλθεῖν ἐπὶ τὰ μείζω καὶ ἐν ὕψει κείμενα.

Ὁρᾷς ἵν' ἔστ' ἐκεῖνος ὑψηλὸς πάγος,
τρηχύς τε καὶ παλίγκοτος,
ἐν τῷ κάθηται σὴν ἐλαφρίζων μάχην;

5 Ἐπὶ τοῦτον τὸν ʽὑψηλὸν πάγον' τὸ δριμὺ καὶ πανοῦργον
b ἐκεῖνο θηρίον ἀνελθεῖν ἀδύνατον· ἵνα δ' εἰς ταὐτὸν ἔλθῃ τοῖς ἀετοῦ γεννήμασιν ἀλώπηξ, ἢ τύχῃ τινὶ δεῖ χρησαμένους ἐκείνους πονηρᾷ καταπεσεῖν εἰς γῆν, τῶν οἰκείων αὐτοῖς φθαρέντων, ἢ φύσασαν αὐτὴν ἃ μὴ πέφυκε φύειν

λαιψηρὰ κυκλῶσαι πτερὰ

καὶ οὕτως ἀρθεῖσαν ἐκ γῆς ἀναπτέσθαι πρὸς τὸν ʽὑψηλὸν πάγον'· ἕως δ' ἑκάτερον ἐπὶ τῆς οἰκείας μένει τάξεως, οὐκ ἔνι κοινωνία τοῖς γῆς πρὸς τὰ οὐρανοῦ θρέμματα.

c 6 Καὶ μεθ' ἕτερα ἐπιλέγει·

Τούτων τοίνυν οὕτως ἐχόντων καὶ πειρωμένου τοῦ Πλάτωνος ʽἕλκειν' τὰς τῶν νέων ψυχὰς ʽἄνω' που πρὸς τὸ θεῖον καὶ τοῦτον τὸν τρόπον προσοικειοῦντος μὲν τῇ ἀρετῇ καὶ τῷ καλῷ, τῶν δ' ἄλλων ἁπάντων ἀναπείθον-

---

CITATIONES : 26 = Hom. Il. 2, 872 ; 32-34 et 41 = Archilochus fr. 92 a-b Diehl (ALG[3] III 40-41) ; 171, v. 5-7 et 170, v. 9 Lasserre ; 176 et 181, v. 11 M. L. West (*Iambi et elegi graeci*, I, Oxford, 1971, p. 67 et 69) ; 47 (ἕλκειν... ἄνω) Plato res p. VII 533 d 2-3.

IOVND

25 pr. καί om. D ‖ 29 τι Viger i. m. : τῇ OVND om. I ‖ 38 γῆν Estienne : τὴν codd. ‖ 42 ἀναπτέσθαι] ἀνίπτασθαι I ‖ 44 τοῖς ON (+ γηίνοις i. m. 1[a] manu) et D : τῆς IV.

de mépriser tout le reste[7], dis-nous, péripatéticien, comment tu donneras ces leçons? Comment tu guideras dans cette voie les amis de Platon? 7 Où se trouvent dans ton école des arguments assez sublimes pour qu'on acquière la fierté des Aloades et cherche la route du ciel qu'ils croyaient pouvoir se frayer en entassant des montagnes[8]? Mais n'était-ce donc possible qu'en supprimant 'les ambitions humaines', comme le dit Platon[9]? 8 Quel secours apporteras-tu donc aux jeunes à cet égard? Quel sera le raisonnement qui combattra pour la vertu, et où le prendras-tu? Dans quels écrits d'Aristote, ou duquel de ses successeurs? Dans quelle tradition orale[10]? Je t'accorde, si tu veux, même un mensonge, pourvu qu'il soit de qualité ; mais tu n'en as pas à dire et aucun des chefs de l'école ne te le permettrait ; 9 en tout cas, les traités d'Aristote sur ces questions, intitulés *Éthiques à Eudème* ou *à Nicomaque*, ou *Grande Morale*, n'ont sur la vertu que des idées mesquines, basses, vulgaires, celles qu'on attendrait d'un ignorant inculte, d'un adolescent ou d'une femme. Car le diadème, dirait-on, et le sceptre royal que la vertu tient de Zeus comme un don inaliénable ('irrévocable est ce qu'il confirmera d'un signe de sa tête'[11]), ils osent les lui enlever ; 10 ils ne lui permettent pas, en effet, de faire le bonheur, ils la mettent au rang de la richesse, de la gloire, de la naissance, de la santé, de la beauté et de tout ce qui lui est commun avec le vice ; car si aucun de ces avantages, possédé sans la vertu, ne suffit par lui-même à rendre heureux son détenteur, la vertu non plus ne peut sans eux

7. Voir la *Notice*, X, fin (p. 29).

8. Les Aloades — Otus et Éphialte, fils d'Aloée d'après l'*Iliade* (5, 385-386) — tentèrent d'entasser l'Ossa sur l'Olympe et le Pélion sur l'Ossa pour escalader le ciel et détrôner les dieux : légende empruntée par Homère à Moïse (la tour de Babel) d'après Origène, *Contre Celse*, IV 21 ; cf. J. Pépin, in *Revue des sciences religieuses*, 29, 1955, p. 109 et n. 2. Nombreux parallèles ap. H. Strohm, *Aristoteles Werke* 12, Berlin, 1970, p. 274-275 (ad *De mundo*, 391 a 10).

9. Souvenir du *Phèdre*, 249 c 9, avec l'ἄρα de découverte qui accompagne souvent un imparfait (*Études sur quelques particules de*

τος ὑπερφρονεῖν, φράσον ἡμῖν, ὦ Περιπατητικέ, πῶς ἐκδιδάξεις ταῦτα; πῶς ὁδηγήσεις ἐπ' αὐτὰ τοὺς φιλοπλάτωνας; 7 ποῦ σοι τῆς αἱρήσεως τοσοῦτον ὕψος λόγων ὥστε τὸ τῶν 'Αλωαδῶν φρόνημα κτήσασθαι καὶ
d τὴν εἰς οὐρανὸν ὁδὸν ζητεῖν, ἣν ἐκεῖνοι μὲν ᾤοντο ὀρῶν ἀναθέσει δύνασθαι γίνεσθαι, τὸ δ' ἄρ' ἦν ἀφαιρέσει 'τῶν ἀνθρωπίνων σπουδασμάτων' γινόμενον, ὥς φησι Πλάτων; 8 Τίς οὖν ἡ παρὰ σοῦ πρὸς ταῦτα τοῖς νέοις βοήθεια; καὶ πόθεν τίς ὁ τῆς ἀρετῆς συναγωνιστὴς λόγος; ἐκ ποίων γραμμάτων 'Αριστοτέλους; τίνος τῶν ἀπ' αὐτοῦ; ἐκ ποίων ἀγράφων; δίδωμι γάρ σοι κἂν ψεύδεσθαι θέλῃς, μόνον τι νεανικόν · ἀλλὰ γὰρ οὔτ' ἔχεις εἰπεῖν οὔτ' ἂν ἐπιτρέψαι σοι τῶν ἡγεμόνων τῆς αἱρέσεως οὐδείς. 9 Αἱ γοῦν 'Αριστοτέλους περὶ ταῦτα πραγματεῖαι, Εὐδήμειοί τε καὶ Νικομάχειοι καὶ Μεγάλων 'Ηθικῶν ἐπιγραφόμεναι, μικρόν τι καὶ ταπεινὸν καὶ δημῶδες περὶ τῆς ἀρετῆς φρονοῦσι καὶ τοσοῦτον ὅσον ἄν τις καὶ ἰδιώτης καὶ ἀπαίδευτος καὶ μειράκιον καὶ γυνή.
(796) | Τὸ μὲν γὰρ διάδημα, ὡς εἰπεῖν, καὶ τὸ σκῆπτρον τὸ βασιλικόν, ὃ παρὰ τοῦ Διὸς ἔχει λαβοῦσα ἀναφαίρετον ἡ ἀρετή (ἐπεὶ 'οὐ παλινάγρετον, ὅττι κεν' οὗτος 'τῇ κεφαλῇ ἐπινεύσει'), τοῦτ' αὐτὴν ἀφαιρεῖσθαι τολμῶσιν · 10 οὐ γὰρ ἐπιτρέπουσιν αὐτὴν ποιεῖν εὐδαίμονας, ὁμοίαν δ' αὐτὴν καθιστᾶσι πλούτῳ καὶ δόξῃ καὶ γένει καὶ ὑγείᾳ καὶ κάλλει καὶ ὅσ' ἄλλα κοινὰ τῆς κακίας · ὡς γὰρ τούτων ὁτιοῦν παρὸν χωρὶς ἀρετῆς οὐκ αὔταρκες εὐδαίμονα τὸν κεκτη-
b μένον ἀποφῆναι, καὶ ἡ ἀρετὴ κατὰ ταὐτὰ χωρὶς τούτων

CITATIONES : 56 (τῶν ἀνθρωπίνων σπουδασμάτων) = Phaedr. 249 c 9-d 1 || 70-71 Hom. Il. 1, 526-527.

IOVND

52 ποῦ σοι] πόσω δεῖ I || τοσοῦτον I : τοσούτων OVND || 55 ἀναθέσει] ἀνατάσει I || γίνεσθαι I : γενέσθαι OVND || 57 σοῦ] σοί I || 58 τίς] τις I || 59 γραμμάτων] πραγμάτων I πραγματειῶν Mras || 60 ἀγράφων OVN : γραφῶν ID || γάρ I : om. ceteri || ψεύδεσθαι ID^2 : ψεύσασθαι OVN || 69 ἀναφαίρετον OVN : ἀναφαίρεται I ἀναφέρεται D^2 || 71 ἐπινεύσει] ἐπινεύσῃ V^{ac} κατανεύσω Hom.

faire le bonheur de qui la possède[12]. 11 Comment donc ne serait-ce pas là abolir et ravaler la dignité de la vertu? — Oui ; mais ils disent la vertu de loin supérieure aux autres biens. — Et puis? La santé aussi à la richesse ; mais ils ont tous en commun de ne pas suffire, séparés, au bonheur. 12 Or chaque fois que, d'après ces opinions et cette école, on donne une leçon à qui cherche dans son âme même tout le bonheur de l'homme, le bonheur, lui dit-on, ne monte pas sur la roue, et celui qui subirait le sort de Priam ne saurait avoir bonheur et félicité[13] ; 13 et le vertueux, vraisemblablement, n'est pas à l'abri de pareils malheurs ; il s'ensuit que le bonheur n'accompagne pas totalement les détenteurs de la vertu, et que, s'il leur advient, il ne demeure pas à jamais :

'Les feuilles, tour à tour, c'est le vent qui les épand sur le sol, et la forêt verdissante qui les fait naître ; ... ainsi des hommes : une génération naît à l'instant même où une autre s'efface' ;

14 et encore ta comparaison, poète, est médiocre et timide :

'quand se lèvent les jours du printemps' :

long est l'intervalle où il ne se produit rien[14]. Si tu veux figurer avec exactitude l'éphémère fragilité de la famille humaine, mets en parallèle le bonheur d'Aristote ; plus vite que les feuilles il pousse et se fane, sans attendre le déroulement du cycle, ni une année, ni un mois : le jour même, à l'heure même, il naît et meurt.

liaison chez Platon, 1929, p. 250 et 259-260). Mais l'ἀφαίρεσις (« soustraction ») peut être, comme chez Albinus, une des voies de la « théologie négative » ; cf. H. J. Krämer, *Der Ursprung der Metaphysik*, 1964, p. 350 et n. 580 ; H. Happ, *Hyle*, Berlin, 1971, p. 620, n. 309 ; 636, n. 392.

10. On connaissait des œuvres non écrites (ou « des inédits », Baudry?) d'Aristote comme de Platon, pour qui l'exemple classique est la « Leçon sur le Bien ». Ces ἀγράφ(ων) s'opposent au γραμμάτων de la ligne précédente.

11. Vers constamment cités : N. Zeegers-Vander Vorst, *Les citations des poètes grecs chez les apologistes chrétiens du IIe siècle*, Louvain, 1972, p. 233-234.

οὐχ ἱκανὴ ποιῆσαι τὸν ἔχοντ' αὐτὴν εὐδαίμονα. 11 Πῶς οὖν οὐ καθῄρηται καὶ καταβέβληται τὸ τῆς ἀρετῆς ἀξίωμα; Ναί · ἀλλὰ πολὺ τῶν ἄλλων ἀγαθῶν ὑπερέχειν τὴν ἀρετὴν λέγουσι. Τί δὴ τοῦτο; καὶ γὰρ τὴν ὑγείαν τοῦ πλούτου · ἀλλὰ τό γε χωρὶς ἀλλήλων μὴ ἀρκεῖν πρὸς εὐδαιμονίαν πᾶσι κοινόν. 12 Ὁπόταν οὖν τις ἐκ τούτων τῶν δογμάτων καὶ ταύτης τῆς αἱρέσεως διδάξειε τὸν ἐν αὐτῇ τῇ ψυχῇ τὸ πᾶν ἀνθρώπινον ἀγαθὸν ζητοῦντα, εὐδαιμονία, φησίν, ἐπὶ τροχὸν οὐκ ἀναβαίνει
c οὐδ' ὁ ταῖς πριαμικαῖς τύχαις συνεχόμενος δύναιτ' ἂν εὐδαίμων καὶ μακάριος εἶναι. 13 Τὸν δὲ τὴν ἀρετὴν ἔχοντα τοιούτοις τισὶ περιπεσεῖν οὐκ ἀπεικός · τούτοις δ' ἕπεται τὸ μήτ' ἀκολουθεῖν ἐκ παντὸς τὴν εὐδαιμονίαν τοῖς τὴν ἀρετὴν ἔχουσι μήτ', εἰ γένοιτο, παραμένειν ἀεί.

Φύλλα τὰ μέν τ' ἄνεμος χαμάδις χέει, ἄλλα δέ θ' ὕλη
τηλεθόωσα φύει ·
ὣς ἀνδρῶν γενεὴ ἡ μὲν φύει, ἡ δ' ἀπολήγει ·

d 14 ἔτι σοι τὸ παράδειγμα μικρὸν καὶ ἄτολμον, ὦ ποιητά·
ἔαρος δ' ἐπιγίνεται ὥρη ·

πολὺς ὁ μεταξὺ χρόνος καὶ ᾧ μὴ γίνεται. Εἰ θέλεις ἀκριβῶς τὸ ἐπίκηρον καὶ σαθρὸν τῆς ἀνθρωπίνης γενεᾶς ἀπεικάσαι, παράβαλλε τὴν Ἀριστοτέλους εὐδαιμονίαν · ῥᾷον τῶν φύλλων αὕτη καὶ φύεται καὶ ἀπολείπει, οὐκ ἀναμένουσα περιτελλόμενον τὸν ἐνιαυτὸν οὐδ' αὐτοετεὶ οὐδ' αὐτομηνί, ἀλλ' αὐτῆς ἡμέρας, αὐτῆς ὥρας καὶ γίνεται καὶ

CITATIONES : 86 et 88 Arist. Eth. Nic. I 11, 1101 a 6 ; 92-94 et 96 = Hom. Il. 6, 147-149.

IOVND

79 πολὺ OV : πολὴ N τὸ πολὺ ID² ‖ 80 δὴ ID² : δε ON δὲ V ‖ γὰρ ID² : om. OVN ‖ 85 εὐδαιμονία, φησίν et ἀναβαίνει OVN : εὐδαίμονα φασὶν et ἀναβαίνειν ID² ‖ 87 εὐδαίμων] εὐδαιμονῶν ID² ‖ 100 αὕτη ID² : αὐτὴ OVN ‖ 101 αὐτοετεὶ Estienne : αὐτόετες OVN αὐτό ἐστάι (sic) I αὐτό ἐστε D².

15 Nombreux sont ses meurtriers, et tous fortuits : il y a les maux du corps, et ils ne se comptent pas ; il y a la pauvreté, la privation des droits civiques et ainsi du reste ; contre aucun de ces maux ne suffit par elle-même la chère vertu, son secours est impuissant : elle est trop faible soit pour écarter l'adversité soit pour conserver la félicité. 16 Comment donc, nourri de tels principes et satisfait de tels arguments, pourra-t-on jamais s'accorder soi-même avec ceux de Platon ou en encourager d'autres à les suivre? On ne saurait en effet, à partir de tels principes, accepter ces dogmes herculéens et divins : que la vertu est chose ferme et de toute beauté, que jamais elle n'est déficiente du côté du bonheur, jamais ne le diminue ; quand même pauvreté, maladie, ignominie, tortures, poix brûlante et croix[15], quand même tous les supplices de la tragédie fondraient ensemble sur lui, le juste aurait encore bonheur et félicité. 17 En tout cas, Platon fait annoncer à son héraut à la voix puissante, comme s'il proclamait un athlète vainqueur[16], que le plus juste est le plus heureux, lui qui cueille à la justice même le fruit du bonheur. Là-dessus, divise, distingue, classe à ton aise les biens en trois, quatre, en multiples catégories[17] : cela ne fait rien à l'affaire, et ce n'est pas ainsi que tu nous ramèneras jamais à Platon. 18 A quoi

15. Souvenir de Platon, *Rép.* II 361 e 4-362 a 2 ; sur les variantes de ce texte à travers la tradition indirecte, cf. « Un thème platonicien dans la tradition patristique : le juste crucifié » (*Studia patristica*, IX, 1966, p. 30-40). D'après C. Andresen (*Z. N. W.*, 44, 1952-1953, p. 180, n. 94), le texte de la *République* paraît s'être inséré dans la question scolaire de l'autarcie du bonheur vertueux ; cf. aussi S. Lilla, *Clement of Alexandria*, Oxford, 1971, p. 71.

16. Cf. *Lois*, V 730 d 7 et ma note *ad loc.* ; XII 953 d 4-5.

17. Sur la division des biens en trois ou quatre espèces, cf. la note de J. Baudry (p. 8, n. 120). Au § 19, il sera question des dix catégories.

18. [On aura beau affiner les divisions, on n'arrivera jamais à trouver un bien supérieur à la vertu. Sur le sens de ἐλάττονι, cf. Aristote, *De gen. et corr.*, I 10, 328 a 6, où le superlatif (ἐλάχιστον) est employé avec διαιρεθῆναι (P. T.).]

19. [N'y aurait-il pas ici critique implicite de « platoniciens »

ἀπόλλυται. 15 Πολλὰ δὲ τὰ ἀπολλύντα, καὶ πάντα ἐκ
(797) τῆς τύχης · καὶ | γὰρ αἱ τοῦ σώματος 'κῆρες, μυρίαι' δ' αὗται, καὶ πενία καὶ ἀτιμία καὶ ὅσα τοιαῦτα · καὶ πρὸς οὐδὲν αὐταρκεῖ τὰ τῆς φίλης ἀρετῆς, πρὸς βοήθειαν οὐχ ἱκανά · τὴν μὲν γὰρ κακοδαιμονίαν εἴργειν, τὴν δ' εὐδαιμονίαν διασῴζειν ἀσθενής. 16 Τούτοις οὖν τις ἐντραφεὶς καὶ τούτοις ἀρεσκόμενος τοῖς λόγοις τίνα τρόπον ἢ αὐτὸς συνᾴσεται τοῖς Πλάτωνος ἢ ἄλλους πρὸς αὐτὰ ἐπιρρώσει ποτέ; οὐ γὰρ ἔστιν ὅπως ἄν τις ἐκ τούτων ὁρμώμενος παραδέξαιτο τὰ ἡράκλεια καὶ θεῖα ἐκεῖνα
b δόγματα, ὡς ἰσχυρόν τι καὶ πάγκαλον χρῆμα ἀρετὴ καὶ οὔτε ποτ' ἐνδέουσα πρὸς εὐδαιμονίαν οὔτε ποτ' αὐτῆς ἀφαιρουμένη, ἀλλὰ κἂν πενία κἂν νόσος κἂν ἀδοξία κἂν βάσανοι καὶ πίττα καὶ σταυρός, κἂν τὰ ἐκ τῆς τραγῳδίας ἅμα πάντ' ἐπιρρυῇ, ἔτι ὁ δίκαιος εὐδαίμων καὶ μακάριος. 17 Ὑπὸ κήρυκι γοῦν αὐτῷ τῷ μεγαλοφωνοτάτῳ κηρύττει, καθάπερ ἀθλητήν τινα νικηφόρον, τὸν δικαιότατον, ὅτι οὗτός ἐστιν εὐδαιμονέστατος ⟨ὁ⟩ ἐξ αὐτῆς τῆς δικαιοσύνης τὸν 'καρπὸν' τῆς εὐδαιμονίας
c 'δρεπόμενος'. Διαίρει τοίνυν, εἰ βούλει, καὶ ποίκιλλε τριχῇ καὶ τετραχῇ καὶ πολλαχῇ τἀγαθὰ διαστελλόμενος · οὐδὲν γὰρ ταῦτα πρὸς τὸ προκείμενον, οὐδέ ποθ' ἡμᾶς δι' αὐτῶν προσάξεις τῷ Πλάτωνι. 18 Τί

CITATIONES : 104 Semonid. fr. 1 Diehl (ALG³ III 50-51) et West (*Iambi et elegi graeci*, II, Oxford, 1972, p. 98), v. 20-21 (μυρίαι / βροτοῖσι κῆρες) ; 115-116 Plato res p. X 613 a 5 (πενίᾳ... νόσοις), II 362 a 2 (ἀνασχινδυλευθήσεται) ; 119 leg. V 730 d 7 (ἀναγορευέσθω νικηφόρος) ; 121-122 (καρπὸν... δρεπόμενος) res p. V 457 b 3-4 ; 122-123 Arist. Eth. Nic. II 8, 1108 b 8-12.

IBOVND

108 τις ID² : τίς OVN ‖ 112 παραδέξαιτο OVN : παρεδέξατο ID² ‖ 114 οὔτε Dindorf : οὔ codd. ‖ 118-119 ὑπὸ κήρυκι et κηρύττει OVN : ἐπικηρυκευει (sine acc.) et κήρυκι ID² ‖ αὐτῷ nos] αὑτῷ codd. ‖ 120 εὐδαιμονέστατος ⟨ὁ⟩ Estienne : ὁ εὐδαιμονέστατος OVN εὐδαιμονέστατος ID² ‖ 121 αὐτῆς OVN : οὗ ID² ‖ 122 διαίρει ID² : διαιροῦν OV^ac^N διαιροῦ (ν eraso) V^pc^ ‖ 124 οὐδέ OVN : οὐ δή ID².

bon, en effet, si parmi les biens, comme tu l'affirmes, les uns sont adorables comme les dieux, les autres louables comme les vertus, les autres des moyens d'agir comme la richesse et la force, d'autres utiles comme les cures? A quoi bon une division plus subtile[18] pour distinguer parmi les biens ceux qui sont des fins et ceux qui n'en sont pas, en appelant fins ceux en vue desquels les autres existent, non-fins ceux qu'on reçoit en vue des autres? 19 A quoi bon apprendre que tels sont biens absolus, tels autres relatifs? Ou qu'il y a les biens de l'âme, les biens du corps, les biens extérieurs? Ou encore que tels biens sont des facultés, tels autres des dispositions et des habitudes, ou des activités, des fins, des matières, des instruments? Et quand tu enseignerais à diviser les biens selon les dix catégories, en dix espèces, quel rapport auraient ces leçons avec la pensée de Platon[19]? 20 Tant que, tout en appelant 'biens' soit par homonymie[20] soit comme tu le voudras les qualités de la vertu, tu mets au bonheur d'autres conditions comme nécessaires, en frustrant la vertu de son autarcie[21] — alors que Platon s'enquiert comme d'un surcroît des autres avantages, pleinement assuré qu'il est du bonheur par la seule vertu — il ne peut rien y avoir de commun entre nous sur ce point : autres sont les arguments qu'il te faut, autres ceux des platoniciens.

21 'De même (en effet) qu'il n'est pas de pacte loyal entre les hommes et les lions, pas plus que loups et agneaux n'ont de cœurs faits pour s'accorder' ; de même, il n'est pas entre Platon et Aristote d'amitié sur la question capitale et essentielle du bonheur ; 'sans relâche', en effet, si même 'ils ne méditent le malheur les uns des autres', on les voit du moins, sur les points qui s'y rapportent, soutenir les opinions contraires.

comme Albinus qui découvrent chez Platon les dix catégories aristotéliciennes? Cf. Albinus, *Épitome*, 6, 10 (p. 37 Louis) : le *Parménide* et d'autres dialogues contiendraient ces catégories ! (P. T.).]

20. Sur l'intérêt qu'Atticus portait aux homonymes, cf. fr. 41-42 et les notes, avec celle de K. Mras, *ad loc.* (p. 354, apparat, fin).

21. 'Ἱκανόν équivaut ici à αὔταρκες ; cf. ci-dessus, p. 44, n. 12.

γὰρ εἰ τῶν ἀγαθῶν, ὡς φῄς, τὰ μὲν τίμια, καθάπερ οἱ θεοί, τὰ δ' ἐπαινετά, ὡς αἱ ἀρεταί, τὰ δὲ δυνάμεις, ὡς πλοῦτος καὶ ἰσχύς, τὰ δ' ὠφέλιμα, ὡς αἱ θεραπεῖαι; τί δ' εἰ ταῦτ' ἐλάττονι διαιρέσει διαστελλόμενος λέγοις τῶν ἀγαθῶν τὰ μὲν εἶναι τέλη, τὰ δ' οὐ τέλη; τέλη μὲν d ὀνομάζων ὧν χάριν τἄλλα, οὐ τέλη δὲ τὰ τῶν ἄλλων ἕνεκεν λαμβανόμενα. 19 Τί δ' εἰ μάθοι τις ὅτι τὰ μὲν ἁπλῶς ἀγαθά, τὰ δ' οὐ πᾶσιν; ἢ ὅτι τὰ μὲν ψυχῆς ἀγαθά, τὰ δὲ σώματος, τὰ δ' ἐκτός; ἢ πάλιν ὅτι τῶν ἀγαθῶν τὰ μὲν δυνάμεις, τὰ δὲ διαθέσεις καὶ ἕξεις, ἄλλα δ' ἐνέργειαι, τὰ δὲ τέλη, τὰ δὲ ὗλαι, τὰ δ' ὄργανα; κἂν τὰς δέκα δὲ κατηγορίας παρὰ σοῦ μάθῃ τις δεκαχῇ διανέμειν τἀγαθόν, τί ταῦτα πρὸς τὴν Πλάτωνος γνώμην τὰ διδάγματα; 20 Ἕως οὗ γὰρ σὺ μὲν εἴθ' ὁμονύμως εἴθ' ὅπως βούλει καλῶν ἀγαθὰ τὰ τῆς ἀρετῆς, ἄλλα πρὸς τὴν εὐδαιμονίαν ὡς ἀναγκαῖα παραλαμβάνεις, τὸ ἱκανὸν τῆς ἀρετῆς (798) ἀφαιρούμενος, | Πλάτων δ' ἐκ περιουσίας περὶ τῶν ἄλλων ζητεῖ τὸ δὴ ἔκπλεων εἰς εὐδαιμονίαν ἀπ' αὐτῆς τῆς ἀρετῆς ἔχων, οὐδὲν ἂν ἡμῖν εἴη κατὰ τοῦτο κοινόν· ἄλλων σοὶ δεῖ λόγων, ἄλλων τοῖς Πλάτωνος.

21 Ὡς (γὰρ) οὐκ ἔστι λέουσι καὶ ἀνδράσιν ὅρκια πιστὰ
οὐδὲ λύκοι τε καὶ ἄρνες ὁμόφρονα θυμὸν ἔχουσιν,

οὕτως οὐκ ἔστι Πλάτωνι καὶ Ἀριστοτέλει φιλία περὶ τοῦ κορυφαιοτάτου καὶ κυριωτάτου τῆς εὐδαιμονίας δόγματος· b 'διαμπερὲς' γάρ, εἰ μὴ καὶ 'κακὰ φρονέουσιν ἀλλήλοις', τά γ' ὑπεναντία περὶ τῶν εἰς τοῦτο διαφερόντων φαίνονται λέγοντες.

CITATIONES : 129 ibid. I 4, 1096 b 14 (καθ' αὑτά... διὰ ταῦτα) ; 146-147 Hom. Il. 22, 262-263 ; 150 cf. ib. 264.

IOVND

128 τὰ] ἃ I ‖ 129 δ' εἰ] δε (sine acc.) I ‖ 129 λέγοις] λέγεις D ‖ 136 τὰ δὲ ὕλαι, τὰ δὲ OND : καὶ ὕλαι, τὰ δὲ V τα (sic) δ' αὐτὰ δὲ I ‖ κἂν] κἂν ⟨κατὰ⟩ Estienne (Mras) ‖ 137 παρὰ σοῦ OVN : παροῦ I om. D ‖ 143 δὴ Mras : τη I om. OVND ‖ 144 ἡμῖν OVpcND : ὑμῖν I Vac ‖ 145 σοὶ] οὐ I.

Fr. 3 (3 Mullach et Baudry)

(ε'. Du même contre le même ; son désaccord avec Moïse et Platon sur la question de la Providence[1].)

5. 1 Tandis encore que Moïse, les prophètes des Hébreux et Platon, parfaitement d'accord là-dessus, ont traité avec netteté le sujet de la Providence qui régit l'univers, Aristote limite l'action divine à la lune et soustrait les autres parties du monde[2] au gouvernement divin, ce qui lui attire la réfutation de l'auteur susnommé, dans les termes que voici :

2 Comme le plus important et le principal des moyens d'arriver au bonheur est encore la foi en la Providence, qui règle le mieux la vie humaine, à supposer toutefois que nous ne devions pas ignorer

'si c'est par la justice ou par des ruses tortueuses que gravit un rempart surélevé la gent des terrestres humains'[3],

Platon rattache tout à Dieu et fait tout dépendre de lui ; d'après lui, en effet, 'il détient le commencement, le milieu et la fin de tous les êtres et va droit à son but parmi les révolutions (de la nature)'[4] ; pour lui, également, 'il est bon, et en ce qui est bon nulle envie ne naît à nul sujet ; exempt d'envie, il a voulu tout faire bon le plus possible, en l'amenant du désordre à l'ordre ; et comme il prenait soin de toutes choses et ordonnait

1. J. Sirinelli (*Les vues historiques*…, p. 353) analyse ce chapitre et montre bien la proximité de l'épicurisme et de l'aristotélisme à propos de la Providence.

2. « C'est-à-dire les parties sublunaires » (A.-J. Festugière, *L'idéal*…, p. 258, n. 3).

3. La citation complète, qui forme le fragment de Pindare 213 Snell, comprend quatre vers. Denys d'Halicarnasse, *De compos.* 21, ne cite que le quatrième, qui manque ici mais se trouve encore chez Maxime de Tyr (Or. 12, 1 a et d, p. 145 Hobein) ; Cicéron y fait allusion ainsi qu'au premier et au second (*Ad Att.*, XIII 38, 2) ; Platon (*Rép.*, II 365 b 3-4) ne cite que les deux premiers. D'après K. Mras, la source commune pourrait être l'écrit d'un platonicien (*Glotta*, 25, 1936, p. 188 et n. 4).

4. « De la nature » traduit κατὰ φύσιν, qui manque à la libre ci-

Fr. 3 (3 Mullach et Baudry)

(Eus., *Pr. ev.*, XV, 5, 1-14; p. 798 b-801 a Viger; II, p. 355, 11-359, 6 Mras)

798 b V.) (ε'. Τοῦ αὐτοῦ πρὸς τὸν αὐτὸν διενεχθέντα Μωσεῖ καὶ Πλάτωνι ἐν τῷ περὶ προνοίας λόγῳ.)

c **5** 1 Πάλιν Μωσέως καὶ τῶν παρ' Ἑβραίοις προφητῶν, οὐ μὴν ἀλλὰ καὶ Πλάτωνος ἐν τούτοις συμφώνως τὸν περὶ τῆς τῶν ὅλων προνοίας λόγον εὐκρινῶς διατεθειμένων, ὁ Ἀριστοτέλης μέχρι σελήνης στήσας τὸ θεῖον τὰ λοιπὰ τοῦ κόσμου μέρη περιγράφει τῆς τοῦ θεοῦ διοικήσεως· ἐφ' οἷς καὶ ἀπελέγχεται πρὸς τοῦ δηλωθέντος, ὧδέ πη διεξιόντος·

2 **Ὄντος δ' ἔτι μεγίστου καὶ κυριωτάτου τῶν εἰς εὐδαι-**
d **μονίαν συντελούντων τοῦ περὶ τῆς προνοίας πείσματος, ὃ δὴ καὶ μάλιστα τὸν ἀνθρώπινον βίον ὀρθοῖ, εἴ γε μὴ μέλλομεν ἀγνοεῖν**

πότερον δίκᾳ τεῖχος ὕψιον
ἢ σκολιαῖς ἀπάταις ἀναβαίνει
ἐπιχθονίων γένος ἀνδρῶν,

ὁ μὲν Πλάτων εἰς θεὸν καὶ ἐκ θεοῦ πάντ' ἀνάπτει· φησὶ γὰρ αὐτὸν 'ἀρχήν τε καὶ μέσα καὶ τελευτὴν τῶν ὄντων ἁπάντων ἔχοντ' εὐθείᾳ περαίνειν περιπορευόμενον'· καὶ αὖ πάλιν φησὶν αὐτὸν 'ἀγαθὸν εἶναι, ἀγαθῷ δὲ μηδένα φθόνον ἐγγίγνεσθαι περὶ μηδενός· τούτου δ' ἐκτὸς ὄντα πάντα ὅτι μάλιστ' ἀγαθὰ ποιεῖν, 'εἰς τάξιν ἄγοντα ἐκ τῆς ἀταξίας'· πάντων δ' 'ἐπιμελούμενον' καὶ πάντα

CITATIONES : 13-15 = Pind. fr. 213, 1-3 Snell; 17-18 = Plato leg. IV 715 e 8-716 a 2; 19-22 Tim. 29 e 1-3, 30 a 4-5; 22 Phaedo 62 d 1 (ἐπιμελούμενον).

IBOVND

6 στήσας IB : περιστήσας OVND ‖ 8 πη (etiam D)] πως N ‖ 9 εἰς] πρὸς D ‖ 13 δίκᾳ τεῖχος Pind. : δὴ κατ' ἴχνος codd. ‖ 16 μὲν] δὲ I δὴ Estienne ‖ 18 περαίνειν] + κατὰ φύσιν Pl. ‖ 20 περὶ ID Pl. : παρὰ OVN (def. B).

tout autant que possible, il s'est soucié également des hommes'.

3 Et un peu plus loin :

Voilà pour Platon. Mais celui qui récuse cette divine nature, qui retranche de l'âme son espérance pour l'avenir et supprime dans la vie présente la circonspection à l'égard des êtres supérieurs[5], qu'a-t-il de commun avec Platon? Comment exhorterait-il à ce que veut Platon et confirmerait-il ses dires? 4 Tout au contraire, il apparaîtra comme le complice et l'allié de ceux qui consentent à mal faire. Quiconque, en effet, est homme est par là même en proie aux appétits humains : s'il en vient à mépriser les dieux, à croire qu'ils ne lui sont rien, dès lors qu'il habite loin d'eux pendant sa vie et qu'après sa mort il n'existe même plus, il se portera avec promptitude à satisfaire ses passions. 5 Se persuader que l'on passera inaperçu en faisant le mal n'est pas impossible, si toutefois c'est à des hommes qu'il faut échapper : il n'est absolument pas nécessaire de chercher à se cacher si l'on est assez fort pour l'emporter sur les perquisiteurs ; on est donc tout prêt à l'injustice quand on désespère de la Providence. 6 Car notre homme nous la baille belle quand il nous propose le plaisir comme un bien[6] et, en offrant l'absence de crainte à l'égard des dieux, croit encore procurer un moyen d'éviter le mal : c'est agir comme un médecin qui, tandis que le malade vit encore, néglige de le secourir et, après la mort, essaie d'inventer des procédés pour sauver le défunt. 7 De même pour

tation d'Atticus et précise περιπορευόμενον (ος). Sur la fortune de ce texte célèbre, cf. *Platon, Œuvres complètes*, XI. 2, 1951, p. 65, n. 2. Atticus le cite à côté de *Tim.* 29 e 1-2, comme Irénée, *Adv. Haer.*, III 25, 5, « pour montrer que le dieu de Platon est juste et bon » ; ce texte faisait donc « partie du dossier des autorités du platonisme pythagorisant » (H. D. Saffrey, ap. Proclus, *Théol. plat.*, II, 1974, p. XXIV, n. 1).

5. Sur les κρείττονες, terme fréquent chez Platon pour désigner les dieux (*Soph.* 216 b 4, *Epin.* 991 d 5 et les autres textes ap. *Lexique... de Platon*, p. 300), cf. *La religion grecque*, p. 246.

6. Commentaire de ce passage ap. S. Lilla, *Clement of Alexandria*,

κατὰ δύναμιν 'κοσμοῦντα πεφροντικέναι' καὶ τῶν ἀνθρώπων.

3 Καὶ μετὰ βραχέα·

(799) Καὶ ὁ μὲν Πλάτων οὕτως. | Ὁ δὲ τὴν δαιμονίαν ταύτην φύσιν ἐκποδὼν ποιούμενος καὶ τήν γ' εἰσαῦθις ἐλπίδα τῆς ψυχῆς ἀποτέμνων τήν τ' ἐν τῷ παρόντι πρὸς τῶν κρειττόνων εὐλάβειαν ἀφαιρούμενος τίνα πρὸς Πλάτωνα ἔχει κοινωνίαν; ἢ πῶς ἂν ἐφ' ἃ βούλεται Πλάτων παρακαλέσαι καὶ πιστώσαιτο τὰ εἰρημένα; 4 πᾶν γὰρ τοὐναντίον συνεργὸς ἂν οὗτός γε καὶ συναγωνιστὴς τῶν ἐθελόντων ἀδικεῖν φανείη· πᾶς γάρ τις ἄνθρωπος ὢν καὶ ταῖς ἀνθρωπίναις ὀρέξεσι κατισχημένος, ἂν κατα-
b φρονήσῃ τῶν θεῶν καὶ μηδὲν νομίσῃ πρὸς αὑτόν, ἅτε πόρρω μὲν αὐτῶν ἀπῳκισμένος ἐν τῷ ζῆν, ἀποθανὼν δ' οὐδ' ἔτι ὤν, ἕτοιμος ἂν ἔλθοι πρὸς τὸ χαρίζεσθαι ταῖς ἐπιθυμίαις. 5 Πίστιν γὰρ λαβεῖν περὶ τοῦ λαθεῖν ἀδικοῦντα οὐκ ἀδύνατον, ἄν γ' ἀνθρώπους δέῃ λανθάνειν· οὐ μὴν ἀναγκαῖον ἐκ παντὸς λαθεῖν ζητεῖν, ὅπου γέ τις τῶν πεφωρακότων κρατεῖν δυνατός ἐστιν· ὥσθ' ἕτοιμόν τι χρῆμα πρὸς ἀδικίαν ἡ τῆς προνοίας ἀπόγνωσις·
c 6 ἐκεῖνος μὲν γὰρ καὶ πάνυ χρηστός ἐστιν ὅστις τὴν ἡδονὴν ἡμῖν προτείνας ὡς ἀγαθὸν καὶ τὴν ἐκ θεῶν ἄδειαν παρασχόμενος ἔτι μηχανὴν πρὸς τὸ μὴ ἀδικεῖν πορίζειν οἴεται, ὅμοιόν τι ποιῶν ἰατρῷ τὴν μὲν ἔτι ζῶντος τοῦ κάμνοντος βοήθειαν παρέντι, μετὰ θάνατον δὲ πλέκειν τινὰς μηχανὰς πειρωμένῳ πρὸς σωτηρίαν τοῦ τεθνεῶτος.

CITATIONES : 23 Plato Phaedo 97 c 4 (κοσμεῖν), leg. X 885 b 7 (φροντίζειν) ; 26-38 Epic. fr. 368 Usener (p. 247, 7-17) ; 38-48 fr. 532 Usener (p. 321, 28-322, 2) ; 39 Plato res p. II 365 c 7 (λανθάνειν κακὸν ὄντα) ; 44-45 Epic. fr. 368 Usener (p. 247, 18).

TESTIMONIA : 41-42 ὥσθ'-ἀπόγνωσις : Theod. VI 58.

IBOVND

26 καὶ et μὲν om. BD || 31 πᾶν I : πάντα BOVND || 35 αὑτόν N^{ac} : αὐτόν $IBOVN^{pc}D$ || 37 οὐδὲ] οὐδὲν I.

le péripatéticien : la recherche du plaisir fortifie moins le vice que ne fait le doute à l'égard de la sollicitude des dieux. Eh quoi ! dira-t-on, tu mets sur le même pied Aristote et Épicure ? Absolument, au moins sur ce point. 8 Quelle différence, en effet, y a-t-il pour nous entre expulser le divin du monde sans nous laisser aucune relation avec lui, ou bien, après avoir enfermé les dieux dans le monde, les couper des affaires terrestres ? Chez l'un et l'autre, même insouciance des dieux à l'égard des hommes, même absence de crainte chez les malfaiteurs à l'égard des dieux ; mais que, tandis qu'ils restent dans le ciel, nous en retirions nous-mêmes quelque profit, voilà qui nous est particulièrement commun avec les êtres sans raison ou même sans vie, et c'est précisément de cette manière que, selon Épicure, les dieux sont utiles aux hommes ; 9 on dit, en tout cas, que leurs meilleures émanations sont causes partielles de grands biens pour ceux qui y participent[7]. Mais il serait injuste de les compter l'un et l'autre parmi les tenants de la Providence ; car si, d'après Épicure, c'en est fait de celle-ci, encore que selon lui les dieux prennent grand soin de conserver leurs biens propres, elle n'est pas moins ruinée par Aristote, même si le gouvernement du ciel se fait hiérarchiquement et en ordre ; 10 nous cherchons, en effet, une Providence qui nous importe, et celle-là exclut quiconque refuse toute survivance aux démons, aux héros et en général aux âmes.

Oxford, 1971, p. 46 et n. 4. [Pour Aristote, le plaisir n'est pas *le* bien ; cf. *Éth. Nic.*, X 2, 1172 b 9, 1174 a 9 (contre Eudoxe) (P. T.).]

7. Sur les ἀπόρροιαι, cf. H. Dörrie, « Emanation », ap. *Parusia. Festgabe für J. Hirschberger*, Francfort, 1965, p. 119-141 = *Platonica minora*, p. 70-88 (p. 126 = 76 sur Épicure et Lucrèce) ; F. Brunner, « Création et émanation », ap. *Studia philosophica*, 33, 1973, p. 33-63, surtout p. 43.

8. Cf. *P. E.*, XIV, 27, 1 (Denys d'Alexandrie), fragment cité avec le nôtre par H. Usener (*Epicurea*, n° 363), en même temps que : Plutarque, *Pyrrhus*, 20, 6 ; Lucrèce, 2, 1093 et 5, 82 ; Horace, *Sat.*, 1, 5, 101 (citation du précédent?) ; Tertullien, *Apol.*, 47 ; Lactance, *De ira*, 2, 7 ; Salvien, *De gubernatione Dei*, 1, 5 (p. 3, 17 Halm). L'ἀπῴκισε de notre l. 79 (cf. l. 100) viendrait-il de Plutarque, *l. c.* (t. VI Flacelière, p. 53), où le § 6 se termine sur ἀποικίζοντες? [Noter

7 Παραπλησίως δὲ τούτῳ καὶ ὁ Περιπατητικός · οὐ γὰρ οὕτως ἡ περὶ τὴν ἡδονὴν σπουδὴ ὡς ἡ πρὸς τὸ θεῖον ὅτι κήδοιτο ἀπιστία τὴν ἀδικίαν ἐπιρρώννυσι. Τί οὖν;
d φήσαι τις ἄν, ἐν ταὐτῷ τάττεις Ἀριστοτέλην καὶ Ἐπίκουρον; πάνυ μὲν οὖν, ὥς γε πρὸς τὸ προκείμενον · 8 τί γὰρ διαφέρει πρὸς ἡμᾶς ἢ τοῦ κόσμου τὸ θεῖον ἐξοικίσασθαι καὶ μηδεμίαν ἡμῖν πρὸς αὐτὸ κοινωνίαν ἀπολιπεῖν, ἢ ἐν κόσμῳ τοὺς θεοὺς καθείρξαντα τῶν ἐπὶ γῆς πραγμάτων ἀποστῆσαι; κατ' ἴσον γὰρ παρ' ἀμφοτέροις τὸ ἐκ θεῶν ἀμελὲς εἰς τοὺς ἀνθρώπους καὶ ἴση τοῖς ἀδικοῦσιν ἡ ἀπὸ τῶν θεῖον ἄδεια · τὸ δ' ἐκείνων μενόντων κατ' οὐρανὸν καὶ ἡμᾶς τι χρηστὸν ἀπολαύειν μάλιστα μὲν κοινὸν καὶ ἀλόγων καὶ ἀψύχων, ἤδη δὲ ταύτῃ γε καὶ κατ' Ἐπίκουρον ὄνησις τοῖς ἀνθρώποις
(800) ἀπὸ θεῶν γίνεται · | 9 τὰς γοῦν βελτίονας ἀπορροίας αὐτῶν φασι τοῖς μετασχοῦσι μεγάλων ἀγαθῶν παραιτίας γίνεσθαι. Ἀλλ' οὔτε τοῦτον οὔτ' ἐκεῖνον δίκαιον ἐν προνοίας ἀριθμεῖσθαι λόγῳ · εἴπερ γὰρ καὶ κατ' Ἐπίκουρον τὸ τῆς προνοίας οἴχεται, καίτοι τῶν θεῶν κατ' αὐτὸν πᾶσαν κηδεμονίαν ὑπὲρ τῆς σωτηρίας τῶν οἰκείων ἀγαθῶν εἰσφερομένων, οὕτως ἂν οἴχοιτο καὶ κατ' Ἀριστοτέλην τὸ τῆς προνοίας, εἰ καὶ τὰ κατ' οὐρανὸν ἐν τάξει τινὶ καὶ κόσμῳ διοικεῖται · 10 πρόνοιαν γὰρ ζητοῦμεν ἡμῖν διαφέρουσαν, ἧς οὐ μέτεστι τῷ μήτε
b δαίμονας μήθ' ἥρωας μήθ' ὅλως ἐπιδιαμένειν δύνασθαι τὰς ψυχὰς συγκεχωρηκότι.

CITATIONES : 54-56 fr. 363 U. (p. 242, n. ad l.3) ; 60-65 fr. 385 U. (p. 257, 33-258, 3) ; 66-69 fr. 181 Arrighetti[2], 361 U. (p. 241, 20-22) ; 71-73 fr. 393 U. (p. 260, 17-20) ; 72-74 Plato Crat. 397 d 10 (δαίμονάς τε καὶ ἥρωας καὶ ἀνθρώπους), res p. III 392 a 5-6 (περὶ δαιμόνων τε καὶ ἡρώων καὶ τῶν ἐν Ἅιδου).

IBOVND

52 τάττεις Gaisford : ταῦτ' εἰς codd. || 53 γε Estienne : τε codd. || 59 ἡ BOV : om. IND || 60 τι χρηστὸν] τινῶν χρηστῶν BV^pc || 65 γίνεσθαι] γενέσθαι I.

11 Là-dessus, à mon jugement, Épicure paraît avoir montré plus de réserve : renonçant à obtenir que les dieux puissent s'abstenir de s'occuper des hommes s'ils les rencontraient, il les a comme exilés à l'étranger et installés quelque part hors du monde, en excusant leur inhumanité par la distance et l'impossibilité de communiquer avec qui que ce soit[8]. 12 Mais notre habile découvreur de la nature[9], ce connaisseur minutieux des choses divines, après avoir mis sous le regard même des dieux les affaires humaines les a laissées sans soins, sans préoccupation, régies par une vague nature et non par la raison divine ; ainsi, vraisemblablement, il n'échappera pas lui non plus à l'accusation que certains prononcent contre Épicure, de n'avoir point par conviction mais par crainte des hommes assigné aux dieux une région dans l'univers comme une place au théâtre[10]. 13 Pour prouver que c'est bien là l'opinion de notre homme, on montre qu'il a enlevé aux dieux toute action sur nous, seul moyen pour l'existence des dieux d'obtenir la croyance légitime[11]. Or c'est ce que fait aussi Aristote ; il les éloigne, il s'en remet à la vue pour contrôler sa croyance, faible argumentation pour décider à une telle distance, et c'est peut-être par scrupule, semblerait-il, qu'il dit : ce sont bien là des dieux[12]. 14 Car en ne laissant rien hors du monde sans rapprocher les dieux du terrestre, il doit nécessairement ou se reconnaître un parfait athée[13] ou se racheter du soupçon de paraître abandonner les

ce jugement relativement favorable sur Épicure, ici moins sévèrement blâmé qu'Aristote. Cette attitude n'est pas totalement absente de la tradition philosophique ; cf. Lactance, *Inst.* 2, 10 (*De philosophia*, fr. 20 Ross), et surtout Alexandre d'Aphrodise, *De fato*, 203, 10-11, où l'ἀπρονοησία d'Épicure est jugée « plus pieuse » que la conception stoïcienne de la Providence ; v. K. Mras, *Glotta*, 25, 1936, p. 187-188. Sur l'association Épicuriens-Aristotéliciens, cf. A.-J. Festugière, *Proclus*, « *Timée* », II, p. 102, n. 3 (P. T.).]

9. « Découvreur de la nature » ; au fr. 7, l. 47, il en sera le « greffier ».

10. Sur les dieux métacosmiques des intermondes d'Épicure, qui s'opposent « au Dieu cosmique et aux dieux sidéraux de l'aristotélisme platonisant », cf. J. Moreau, « Épicure et la physique des dieux », in *R. É. A.*, 70, 1968, p. 286-294, résumé dans *Assoc. G. Budé, Actes du VIIIe Congrès (Paris, 1968)*, 1969, p. 188-189. P. Merlan

11 Ἐκεῖνο δ' ἐμοὶ κριτῇ καὶ αἰσχυντηλότερον ὁ Ἐπίκουρος δοκεῖ πεποιηκέναι · ὥσπερ γὰρ ἀπογνοὺς δύνασθαι τοὺς θεοὺς ἀποσχέσθαι τῆς ἀνθρώπων κηδεμονίας εἰς ταὐτὸν ἐλθόντας, αὐτοὺς καθάπερ εἰς ἀλλοδαπὴν ἀπῴκισε καὶ ἔξω που τοῦ κόσμου καθίδρυσε, τὸ ἀπάνθρωπον αὐτῶν τῇ ἀποστάσει καὶ τῇ πρὸς ἅπαν ἀκοινωνησίᾳ παραιτούμενος. 12 Ὁ δὲ περιττὸς ἡμῖν οὗτος τῆς φύσεως εὑρετὴς καὶ τῶν θείων πραγμάτων
c ἐπιγνώμων ἀκριβὴς ὑπ' αὐτὴν τὴν ὄψιν τῶν θεῶν τἀνθρώπινα πράγματα ὑποθεὶς εἴασεν ἀτημέλητα καὶ ἀφρόντιστα, φύσει τινὶ καὶ οὐ θεοῦ λογισμῷ διοικούμενα · ὅθεν εἰκότως ἂν καὶ αὐτὸς οὐδ' ἐκεῖνο τὸ ἔγκλημα ἐκφύγοι ὃ κατ' Ἐπικούρου τινὲς μαντεύονται, ὡς ἄρα μὴ κατὰ γνώμην ἀλλὰ διὰ τὸ πρὸς ἀνθρώπων δέος τοῖς θεοῖς κατένειμεν ἐν τῷ παντὶ χώραν ὥσπερ ἐν θεάτρῳ θέαν · 13 τεκμήριον δὲ ποιοῦνται τῆς γνώμης τἀνδρός, ὅτι αὐτῶν ἀφεῖλε τὴν πρὸς ἡμᾶς ἐνέργειαν, ἐξ ἧς μόνης
d τὸ εἶναι τοὺς θεοὺς ἔμελλε τὴν δικαίαν πίστιν ἕξειν. Τὸ γὰρ αὐτὸ τοῦτο καὶ Ἀριστοτέλης ποιεῖ · ἀποστήσας καὶ παραδοὺς ὄψει μόνῃ τὴν πίστιν πραγματείᾳ κρίνειν ἀσθενεῖ τὰ ἐκ τοσοῦδε διαστήματος, τάχ' ἂν αἰδοῖ δοκοίη λέγειν ταῦτ' εἶναι θεούς · 14 οὐ γὰρ ἀπολιπὼν ἔξω τι τοῦ κόσμου ἀλλ' οὐδὲ τοῖς ἐπὶ γῆς προσαγαγὼν τοὺς θεοὺς ἀνάγκην ἔσχεν ἢ παντάπασιν ἄθεος ὁμολογεῖν ἢ τὴν τοῦ δοκεῖν ἀπολείπειν θεοὺς δόξαν ἀνασῴζειν,

---

CITATIONES : 75-81 fr. 362 Usener (p. 241, 32-242, 4) ; 90-92 fr. 368 U. (p. 247, 4-6).

ITERATIONES : 82 (τῆς φύσεως εὑρετής) : cf. fr. 7, l. 46-47 (τ. φ. γραμματεύς).

IBOVND

78 αὐτοὺς I : αὐτοῖς ceteri (Mras) || 80-81 ἅπαν ἀκοινωνησίᾳ I (Viger) : ἅπαντα κοινωνίᾳ ceteri ἅπαντ' ἀκοινωνησίᾳ Mras || 85 θεοῦ] θείῳ I || 86 ἐκεῖνο I : ἐκεῖ ceteri || 94 πραγματείᾳ] πράγματι I || 95 ἐκ τοσοῦδε I : ἐκτός· οὐδὲ OVND ἐκτὸς B || 96 ταῦτα] ἐνταῦθ' Estienne || 98 ἔσχεν ἢ Gaisford : ἔσχε μὴ codd. ἔσχεν ἤτοι Estienne || ὁμολογεῖν] ὁμολογεῖν⟨εἶναι⟩ Mras ⟨εἶναι⟩ ὁμολογεῖν Estienne || 99 ἀπολείπειν] ἀπολιπεῖν I.

dieux en les exilant dans un lieu quelconque ; tandis que celui qui excuse l'égoïsme des êtres supérieurs par leur refus de toute promiscuité[14] semble sauver les apparences[15] tout en niant les dieux.

Voilà ce qu'Atticus objecte à Aristote quand celui-ci retranche la Providence[16] ; à ces critiques, il en ajoute d'autres, pour s'opposer à son refus d'admettre la génération du monde.

Fr. 3 *bis*

(Alexandre d'Aphrodise, *Questions*, II 21.)

Qu'est-ce qu'il reste, par exemple, de la neige, si on enlève la blancheur et le froid, ou du feu, si l'on éteint le chaud ; du miel privé de sa douceur, de l'âme sans le mouvement, de Dieu sans la Providence[1]?

Fr. 4 (4 Mullach et Baudry)

(ϛ'. Du même contre le même : son désaccord avec Moïse et Platon en ce qu'il nie la génération du monde.)

6. 1 Alors que Moïse définit que le monde a été engendré et prépose Dieu à l'univers comme son créateur et artisan[1], que Platon philosophe dans le même sens que Moïse, Aristote, ici encore, prend la voie opposée, ce dont il se fait convaincre par l'auteur susnommé, qui s'exprime ainsi en propres termes :

2 **Tout d'abord, comme Platon examinait la genèse du monde et jugeait nécessaire de rechercher partout ce dogme important et si avantageux de la Providence,**

était plus frappé des similitudes. A propos des « dieux oisifs d'Aristote et d'Épicure » (*Zeitschrift für philosophische Forschung*, 21, 1967, p. 485-498), il écrit : « Atticus a raison sur un point : les dieux d'Aristote, comme ceux d'Épicure, par rapport à l'univers sont des dieux oisifs » (p. 494) ; dans la *Cambridge History*..., il insiste également sur la ressemblance des deux attitudes à l'égard des dieux : « Épicure exilait les dieux dans les *intermundia*. Mais quelle sorte de dieux sont ceux d'Aristote, qui, bien que liés en quelque manière au cosmos, ne lui prêtent pas la moindre attention? Sa doctrine est comme celle d'Épicure un athéisme larvé » (p. 74). — « Athée » : ce sera l'expression d'Atticus au § 14. — Cf. aussi H. J. Krämer (*Platonismus und Hellenistische Philosophie*, Berlin, 1971, p. 132 et n. 112).

ἐνταῦθά που τοὺς θεοὺς ἀποικίσας · ὁ δὲ τὴν τῶν κρειττόνων ἀκρίβειαν παραιτησάμενος τῇ ἀμιξίᾳ ἔοικεν εὐσχημόνως ἀπιστεῖν τοῖς θεοῖς.

(801) | Ταῦτα ὁ Ἀττικὸς πρὸς Ἀριστοτέλην χρεωκοποῦντα τὸν περὶ προνοίας λόγον · ὁ δ' αὐτὸς ἔτι καὶ ταῦτα τοῖς εἰρημένοις προστίθησι, πρὸς τὸν αὐτὸν ἀποτεινόμενος μὴ βουλόμενον γενητὸν εἶναι τὸν κόσμον.

Fr. 3 *bis* (?)

(Alex. Aphrodis., *Quaestiones*, II 21,
ap. *Suppl. aristotel.*, II 2, 1892, p. 69, 7-10 Bruns)

Τί τὸ καταλειπόμενον ἢ τῆς χίονος, ἂν ἀφέλῃ τὸ λευκὸν καὶ τὸ ψυχρόν; τί δὲ πυρός, ἂν τὸ θερμὸν σβέσῃς, μέλιτος δὲ τὸ γλυκὺ καὶ τῆς ψυχῆς τὸ κινεῖσθαι καὶ τοῦ θεοῦ τὸ προνοεῖν;

Fr. 4 (4 Mullach et Baudry)

(Eus., *Pr. ev.*, XV, 6, 1-17; p. 801 a-804 a Viger;
II, p. 359, 7-363, 7 Mras)

(801 a V.) (ϛ'. Τοῦ αὐτοῦ πρὸς τὸν αὐτὸν διενεχθέντα Μωσεῖ καὶ Πλάτωνι καὶ ἐν τῷ μὴ συγχωρεῖν γενητὸν εἶναι τὸν κόσμον.)

b **6** 1 Μωσέως γενητὸν εἶναι τὸν κόσμον ὁρισαμένου ποιητήν τε καὶ δημιουργὸν τοῖς ὅλοις τὸν θεὸν ἐπιστήσαντος τοῦ τε Πλάτωνος τὰ ἴσα Μωσεῖ φιλοσοφοῦντος, τὴν ἐναντίαν κἀν τούτῳ ὁ Ἀριστοτέλης ὁδεύσας ἀπελέγχεται πρὸς τοῦ δηλωθέντος συγγραφέως, ὧδε πρὸς ῥῆμα γράφοντος ·

c 2 **Πρῶτον δὴ περὶ γενέσεως κόσμου σκοπῶν καὶ τὸ τῆς προνοίας τὸ μέγα τοῦτο καὶ πολυωφελὲς δόγμα πάντα ζητεῖν ἀναγκαῖον ἡγούμενος καὶ λογισάμενος**

IOVND (in B caput 6 desideratur).
4 θεὸν] ὄντα I || 5 τούτῳ] τούτοις I.

il réfléchit que ce qui n'est point né n'avait besoin pour une existence parfaite ni d'un créateur ni d'un protecteur, et pour ne pas frustrer le monde de la Providence il lui enleva son caractère d'incréé. 3 Maintenant, nous prions de ne pas nous embarrasser ceux qui viennent du même foyer[2] et qui veulent que, selon Platon aussi, le monde soit incréé ; car ils sont tenus de nous pardonner si au sujet des opinions de Platon nous croyons ce que lui-même, un Grec, nous a exposé à nous qui sommes des Grecs[3] dans un langage clair et pénétrant. 4 'Le dieu a pris, dit-il, toute la masse visible et sans repos, qui changeait sans mesure et sans ordre, et il l'a amenée du désordre à l'ordre, estimant que l'ordre vaut infiniment mieux que le désordre'. De plus, que ce ne soit pas en énigmes[4] ni pour les besoins de la clarté qu'il admet la génération, il le montre par l'exposé qu'il prête là-dessus à son père de toutes choses après la production de l'univers. 5 'Parce que vous êtes nés, dit-il en s'adressant aux dieux, vous n'êtes ni immortels ni du tout indissolubles ; pourtant vous ne serez pas dissous, du fait de mon vouloir'[5]. 6 Mais, je le répète, avec ceux de notre maison qui murmurent, comme ce sont des amis[6], nous trancherions le débat amicalement, calmement, par des arguments pacifiques[7] ; il semble bien qu'Aristote les ait retournés eux aussi : ils ne pouvaient résister à son dogme accusateur ni ne voulaient attribuer à Platon une opinion convaincue de fausseté. 7 Mais autant que nous l'entendons, Platon juge que le monde a été produit, œuvre la plus belle, par le plus beau des démiurges[8], et assigne à l'auteur du Tout une puis-

2. Ἑστία, « famille spirituelle, école » : cf. H. D. Saffrey et L. G. Westerink ap. Proclus, *Théologie platonicienne*, I 7 (t. I, 1968, p. 140 = p. 31, n. 1).

3. Numénius est-il visé? Atticus se glorifie d'être Grec, alors que les écrivains grecs, ses contemporains, sont presque tous d'origine orientale. Voir la *Notice*, VI, p. 20 et n. 1.

4. Justin (*Dial.*, 5, 4 début) semble dire le contraire avec son αἰνίττεται ; mais il prend le *Timée* à la lettre tout comme le fait Atticus, et on ne peut opposer les deux auteurs ; cf. J. C. M. van Winden, *An Early Christian Philosopher*, Leyde, 1971, p. 93.

ὅτι τῷ μὴ γενομένῳ οὔτε τινὸς ποιητοῦ οὔτε τινὸς κηδεμόνος πρὸς τὸ γενέσθαι καλῶς χρεία, ἵνα μὴ ἀποστερήσῃ τὸν κόσμον τῆς προνοίας ἀφεῖλε τὸ ἀγένητον αὐτοῦ. 3 Παραιτούμεθα δὲ νῦν μὴ ἐμποδὼν ἡμῖν τοὺς ἀπὸ τῆς αὐτῆς ἑστίας εἶναι, οἷς ἀρέσκει καὶ κατὰ Πλάτωνα τὸν κόσμον ἀγένητον εἶναι · δίκαιοι γάρ εἰσιν ἡμῖν συγγνώμην νέμειν, εἰ περὶ τῶν δοκούντων Πλάτωνι πισ-
d τεύομεν οἷς αὐτὸς Ἕλλην ὢν πρὸς Ἕλληνας ἡμᾶς σαφεῖ καὶ τρανῷ τῷ στόματι διείλεκται. 4 'Παραλαβὼν γάρ', φησίν, 'ὁ θεὸς πᾶν ὅσον ἦν ὁρατὸν οὐχ ἡσυχίαν ἄγον, πλημμελῶς δὲ καὶ ἀτάκτως κινούμενον, εἰς τάξιν ἤγαγεν ἐκ τῆς ἀταξίας, ἡγησάμενος τοῦτ' ἐκείνου πάντως ἄμεινον'. Ἔτι δὲ καὶ μᾶλλον, ὅτι μὴ δι' αἰνιγμάτων μηδ' ἐπὶ τοῦ σαφοῦς χρείᾳ τὴν γένεσιν παρεδέξατο, δηλοῖ δι' ὧν ὁ πατὴρ αὐτῷ τῶν πάντων διείλεκται περὶ τούτου μετὰ τὴν τῶν ὅλων δημιουργίαν. 5 ''Επεὶ γάρ', φησί, 'γεγένησθε' (λέγει δὲ πρὸς τοὺς θεούς) 'ἀθάνατοι μὲν οὐκ ἐστὲ οὐδ' ἄλυτοι τὸ πάμπαν, οὔτι μὲν δὴ λυθήσεσθε
(802) τῆς ἐμῆς βουλήσεως τυχόντες'. | 6 'Αλλ', ὅπερ ἔφην, πρὸς μὲν τοὺς ἔνδον ἡμῖν ὑποφθεγγομένους, ἅτε φίλους ὄντας, φιλίως τε καὶ μεθ' ἡσυχίας πραέσιν ἐλέγχοις διακριθεῖμεν ἄν · ἔοικε γὰρ καὶ τούτους 'Αριστοτέλης μεταθεῖναι, τῇ μὲν κατηγορίᾳ τοῦ δόγματος ἀντισχεῖν ἀδυνατήσαντας, τὸ δ' ἁλῶναι δόξαν ὡς ψεῦδος οὐ βουληθέντας ἀναθεῖναι Πλάτωνι. 7 Κατὰ δὲ τὴν ἡμετέραν ἀκοὴν ἀξιοῦντος Πλατῶνος τὸν κόσμον γεγονέναι κάλλιστον ἔργον ὑπὸ τοῦ καλλίστου τῶν δημιουργῶν καὶ

CITATIONES : 19-23 = Plato Tim. 30 a 3-6 ; 26-29 = Tim. 41 b 2-5 ; 36-37 cf. Tim. 68 e 2.

ITERATIONES : 26-29 : XI 32, 4 ; XIII 18, 10.

TESTIMONIA : 27-29 : Theod. III 70.

IONVD

12 μὴ om. I ‖ 15 ἀρέσκει I : ἀρκέσει OVND ‖ 18 Ἕλλην ὢν I : Ἑλλήνων OVND ‖ 21 ἤγαγεν I Pl. : ἦγεν OVND ‖ 22 πάντως I Pl. : παντελῶς OVND ‖ 28 οὔτι] + γε I ‖ μὲν OV Pl. : μὴν I om. ND ‖ δὴ om. I.

sance[9] capable de produire le monde alors qu'il n'existait pas auparavant et, après l'avoir produit, de le garder, par sa volonté, indéfiniment sauf; si c'est ainsi qu'il établit que le monde est né et impérissable, lequel des péripatéticiens nous garantit cela?

8 Or il faut avertir leur allié[10] que si quelque chose est né il ne s'ensuit pas du tout nécessairement qu'il se corrompe; ni, par contre, que si quelque chose ne doit pas se corrompre, il soit nécessairement incréé; car il ne faut pas admettre que la seule cause pour un incorruptible lui vient du fait de n'être pas né, ni que pour ce qui est né le changement qui l'attend est inéluctable corruption. 9 Quel recours trouverons-nous à cet égard chez Aristote, un homme qui ne poursuit pas en l'air ni pour lui seul sa démonstration sur le sujet mais s'oppose directement à Platon? Il réduit ce qui est né à périr nécessairement, déclare que ce qui ne périra point tient son incorruptibilité du seul fait de n'être pas né, ne laisse pas même à Dieu le pouvoir qui lui permettrait de produire quelque chose de bon; car ce qui n'avait pas encore auparavant l'existence, dit-il, ne saurait non plus y venir. 10 Il est si loin d'appuyer par là le raisonnement de Platon qu'il a effrayé par les siens et détourné de cet avis certains des disciples du maître, incapables de considérer que selon la nature même des choses, sans la volonté et la puissance divines, on ne saurait concevoir ni ce qui est né comme incorruptible ni ce qui ne doit pas se corrompre comme né; 11 mais qu'une fois pré-

7. Πραέσιν ἐλέγχοις combine l'ἐν πραέσι λόγοις (νομοθετῶν) des *Lois*, X 888 a 1-2 : « des paroles d'admonition paisible » (Diès), et l'ἐν εὐμενέσιν ἐλέγχοις de la *VIIe Lettre*, 344 b 6 : « dans des discussions bienveillantes » (Souilhé). Atticus suit l'exemple de Platon en usant de propos iréniques.

8. Cf. *Timée*, 92 c 9 et 68 e 2.

9. Cette « puissance » est chez Justin la fonction cosmologique du Fils de Dieu (J. Daniélou, *Message évangélique et culture hellénistique aux IIe et IIIe siècles*, Tournai et Paris, 1961, p. 318-319).

10. C'est-à-dire le platonicien qui, sur ce point, s'accorde avec Aristote (Mras).

b περιθέντος τῷ τοῦ παντὸς ποιητῇ δύναμιν, δι' ἧς καὶ οὐκ ὄντα πρότερον ἐποίησε τὸν κόσμον καὶ ποιήσας εἰσαεὶ βουλόμενός γε σῷον διαφυλάξει, καὶ ταύτῃ δὴ γενητοῦ καὶ ἀφθάρτου κατ' αὐτὸν ὑποκειμένου τοῦ κόσμου, τίς ἡμῖν τῶν Περιπατητικῶν ταῦτα βεβαιοῖ;

8 Δεῖ δὲ παραμυθήσασθαι τὸν συναγωνιστὴν τούτων, ὅτι οὐ πάντως, εἴ τι γέγονε, τοῦτ' ἀνάγκη φθαρῆναι, πάλιν δ' οὐδ' εἴ τι μὴ φθαρήσεται, τοῦτ' ἀναγκαῖον ἀγένητον εἶναι · οὔτε γὰρ μίαν αἰτίαν τῷ ἀφθάρτῳ τὴν ἐκ τοῦ ἀγενήτου συγχωρητέον οὔτε τῷ γενομένῳ τὴν c εἰς ὄλεθρον μεταβολὴν ἀβοήθητον καταλειπτέον. 9 Πόθεν οὖν ἐκ τῶν Ἀριστοτέλους λάβωμεν βοήθειαν εἰς ταῦτα, ἀνδρὸς οὐ τηνάλλως οὐδὲ καθ' αὑτὸν περαίνοντος τὸν περὶ τούτων λόγον, ἀλλ' ἐξ ὀρθοῦ πρὸς Πλάτωνα ἐναντιουμένου καὶ τό τε γενόμενον εἰς ἀνάγκην τοῦ ἀπολέσθαι περιιστάντος τό τε μὴ ἀπολούμενον ἐκ μόνου τοῦ μὴ γενέσθαι λέγοντος κρατύνεσθαι τὸ ἄφθαρτον, οὐ μὴν οὐδὲ δύναμιν ἀπολείποντος αὐτοῦ περὶ τὸν θεὸν ᾗ χρώμενος ἀγαθὸν ἄν τι ποιήσαι; ὃ γὰρ οὔπω πρότερον γέγονε, τοῦτο, φησίν, οὐδ' ἂν γένοιτο. 10 Τοσοῦτον d δ' ἀποδεῖ τοῦ διὰ τούτων βοηθεῖν τῷ Πλάτωνος λόγῳ, ὥστ' ἤδη τινὰς καὶ τῶν περὶ Πλάτωνος ἐσπουδακότων φοβήσας οἷς εἶπεν ἀπέστησε τοῦ δόγματος, οὐ δυνηθέντας συνιδεῖν ὅτι κατὰ μὲν τὴν αὐτῶν φύσιν τῶν πραγμάτων ἦν, ἄνευ θεοῦ βουλήσεως καὶ δυνάμεως, ἐπινοῆσαι οὔτε τὸ γενόμενον ἄφθαρτον οὔτε τὸ μὴ φθαρησόμενον γενητόν · 11 ὅταν δὲ τὴν ἀρίστην τις αἰτίαν ἐπιστήσῃ

CITATIONES : 43-46 cf. Arist. de caelo I 12, 282 b 1-9 ; 52-53 cf. de anima III 12, 434 a 24-25.

IOVND

40 γε Estienne : τε codd. ‖ 47 τῷ γενομένῳ] γενομένῳ ND τοῦ γενομένου I ‖ 48 καταλειπτέον Estienne : -ληπτέον codd. ‖ 53 ἀπολούμενον I : ἀπολλύμενον OVND ‖ 58 δ'] τε I ‖ 59 Πλάτωνος] ⟨τὰ⟩ Πλάτωνος Mras Πλάτωνα Estienne ‖ 62 ἦν] + ἄν τις I (Mras) ‖ ἐπινοῆσαι] ἐπινοήσαι Mras ‖ 64 αἰτίαν] αἰτιῶν Viger i. m.

posée la meilleure cause, qui vient de Dieu, il ne faut pas, du moment qu'on l'a prise comme conductrice de l'univers, en faire une cause inférieure aux autres[11] : il serait ridicule, en effet, que du fait qu'une chose est née elle doive par là même périr ou si Dieu le veut ne pas périr, et que du fait qu'elle est incréée elle ait la propriété de ne point périr, sans que le vouloir divin puisse conserver indestructible quelqu'une des créatures.
12 Comment ! l'architecte est capable de construire une maison qui n'existait pas, un sculpteur de donner l'être à une statue qui ne l'avait pas auparavant, tel autre de tirer un navire de la matière brute pour le fournir à ses clients, et de même tous les autres artisans qui exercent les arts producteurs ont ce pouvoir d'amener à l'existence ce qui ne l'avait pas ; et le roi suprême, l'artisan par excellence[12], n'aura pas autant de pouvoir qu'un artisan humain et, à nos yeux, ne participera à aucune génération? Non, si du moins nous sommes capables de nous faire quelque idée de la causalité divine. 13 Mais il était capable de faire et de vouloir le bien ('il était bon, et en ce qui est bon il n'y a nulle envie à nul sujet') et il ne le sera pas de garder et de conserver ses productions? En fait, les autres artisans peuvent l'un et l'autre : par exemple, l'architecte et le constructeur de navires ne se contentent pas de faire des embarcations et des maisons neuves, ils savent aussi réparer celles qui souffrent du temps, en remplaçant les parties endommagées.
14 Il faut donc absolument accorder à Dieu au moins le même pouvoir. Car si l'on peut faire un tout, comment ne pourrait-on en faire une partie? Il faut donc à la fois qu'il naisse quelque chose de nouveau, s'il doit enfin y avoir un producteur[13], et que l'œuvre belle se conserve intégralement ; car vouloir détruire ce qui

11. Συνιδεῖν ὅτι commande à la fois κατὰ μέν... et ὅταν δέ, avant lesquels il ne faut pas mettre de point.

12. Expression de Pindare (fr. 57 Snell, dans une invocation à Zeus Dodonéen), déjà citée, d'après Clément, en XIII 13, 27 fin.

13. Littéralement : « si quelqu'un se veut (doit être) producteur » ; pour cet emploi absolu de μέλλειν, cf. fr. 3, n. 13.

τὴν ἐκ θεοῦ, δεῖ ταύτην ἡγεμόνα τῶν πάντων λαβόντα μηδὲν αὐτὴν τῶν ἄλλων αἰτίαν ἀποφαίνειν χείρονα·
(803) | γελοῖον γὰρ διότι μὲν γέγονέ τι, διὰ τοῦτο φθαρῆναι, εἰ δ' ὁ θεὸς βούλεται, μὴ φθαρῆναι, καὶ διότι μέν τι ἀγένητόν ἐστιν, ἔχειν ἰσχὺν τοῦ μὴ φθαρῆναι, τὴν δὲ παρὰ τοῦ θεοῦ βούλησιν ἐνδεῖν πρὸς τὸ ἄφθαρτον τηρῆσαί τι τῶν γενομένων. 12 Καὶ ὁ μὲν οἰκοδόμος ἱκανὸς οὐκ οὖσαν οἰκίαν κατασκευάσασθαι, ἱκανὸς δέ τις καὶ ἀνδριάντα, μὴ ὄντα πρότερον, ὄντα ποιῆσαι, καὶ ναῦν ἄλλος ἐξ ὕλης ἀργοῦ τεκτηνάμενος παρέσχε τοῖς δεομένοις, καὶ τῶν ἄλλων τεχνιτῶν ἕκαστος ὅσοι γε τὰς ποιητι-
b κὰς μετίασι τέχνας, δύναμιν ταύτην ἔχουσιν, ὥς τι τῶν οὐκ ὄντων ἄγειν εἰς οὐσίαν, ὁ δὲ παμβασιλεὺς καὶ ἀριστοτέχνης οὐδ' ὅσον ἀνθρωπίνου τεχνίτου δυνάμεως μεθέξει, ἄμοιρος δ' ἡμῖν πάσης ἔσται γενέσεως; οὔκ, ἐάν γε καὶ κατὰ βραχὺ θείας αἰτίας ἐπιλογισμὸν οἷοί τ' ὦμεν λαβεῖν. 13 'Αλλὰ ποιῆσαι μὲν ἱκανὸς καὶ βουληθῆναι τὰ καλά ('ἀγαθὸς γάρ, ἀγαθῷ δ' οὐδεὶς φθόνος περὶ οὐδενός'), τηρῆσαι δὲ καὶ διαφυλάξαι τὰ γενόμενα οὐ δυνατός; καὶ μὴν καὶ οἱ λοιποὶ τεχνῖται πρὸς ἄμφω ἱκανοί· ὁ
c γοῦν οἰκοδόμος καὶ ὁ ναυπηγὸς οὐ μόνον καινὰς κατασκευάζονται ναῦς καὶ οἰκίας, ἀλλὰ καὶ ταῖς ὑπὸ χρόνου διαφθερομέναις ἱκανοὶ βοηθεῖν, ἕτερα τῶν πεπονημένων ἀντικαθιστάντες αὐταῖς· 14 ὥστε καὶ τῷ θεῷ πάντως τό γε τοσοῦτον συγχωρητέον. Ὃ γάρ τις ὅλον ποιῆσαι δυνατός, τοῦτο πῶς ἂν ἐκ μέρους ἀδύνατος εἴη ποιεῖν; καὶ γενέσθαι τοίνυν τι δεῖ καινόν, εἴ γε μέλλοι τις ὅλως ποιητής, καὶ τὸ καλὸν ἔργον πρὸς ἅπαν διασῴζεσθαι·

CITATIONES : 82 = Plato Tim. 29 e 1-2.

IOVND

68-69 καὶ — φθαρῆναι I] om. ceteri || 70 παρὰ] περὶ ND || 74-75 δεομένοις] γενομένοις I || 89 ὃ OV : ὁ IND || 91 εἴ γε I : εἴπερ OVND || 92 ποιητὴς ⟨εἶναι⟩ Viger (sed cf. 5, 14 ; fr. 3, l. 98).

est bien venu est preuve de méchanceté. 15 Mais pour la conservation des choses produites il n'est pas de lien plus fort que la volonté divine[14] ; quoi ! beaucoup de ce qui a bénéficié de l'action et de la volonté humaines, nations, villes, œuvres, demeure un temps incalculable après qu'a disparu le vouloir créateur, et ce qui a participé aux desseins de Dieu, qui est né grâce à lui et par lui, cela, alors, quand l'auteur est toujours là, disparaîtra et ne subsistera pas[15] ? 16 Quelle influence aura forcé les desseins divins? Serait-ce la nécessité inhérente aux choses mêmes qui ont été produites? Mais, en se laissant ordonner, elle a d'elle-même reconnu que Dieu triomphait d'elle. Une cause extérieure résistait-elle à Dieu? Mais il n'en est pas, et dans ce que Dieu a d'avance maîtrisé et ordonné, rien ne mérite plus qu'on lui donne sur Dieu l'avantage, à moins toutefois que nous ne fassions totalement erreur en parlant de la puissance la plus haute et la plus divine.

17 Il paraît seulement que notre zèle nous entraîne à parler de la vérité ; d'ailleurs notre propos s'est réalisé, de montrer qu'on ne saurait donner un enseignement sur la genèse du monde si d'emblée on lui refuse toute genèse[16].

Maintenant, sur la quinte essence des corps introduite par Aristote, voici l'exposé à présenter :

14. Cf. *Timée*, 41 b 5-6, mais aussi *Epinomis*, 982 c 1-3.

15. *A fortiori* avec ἄρα dans la proposition interrogative (*Études sur quelques particules de liaison chez Platon*, p. 266). Même tour sans ἄρα au § 12 ; avec μὲν... δὲ... καὶ... μὲν... δέ à la fin du § 11.

16. Jeu sur deux sens de γένεσις ; notre « genèse » les a également : « création », comme dans la Bible ; « formation, élaboration ».

τὸ γὰρ ‘εὖ’ γενόμενον ‘ἐθέλειν λύειν, κακοῦ’. 15 Μείζων δ’ ἄλλος εἰς σωτηρίαν τῶν γενομένων δεσμὸς οὐκ ἔστι d τῆς τοῦ θεοῦ βουλήσεως· ἢ ἀνθρωπίνης μὲν σπουδῆς καὶ βουλήσεως μεταλαβόντα πολλά, καὶ ἔθνη καὶ πόλεις καὶ ἔργα, μένει ‘χρόνον ἀμήχανον ὅσον’ γενόμενα μηκέτ’ ὄντος τοῦ θελήσαντος, τὰ δὲ τῆς τοῦ θεοῦ μετασχόντα γνώμης καὶ δι’ αὐτὸν καὶ ὑπ’ αὐτοῦ γενόμενα, ταῦτα δ’ ἄρα παρόντος τοῦ ποιήσαντος οἰχήσεται καὶ οὐ παραμενεῖ; 16 τίνος αἰτίας βιασαμένης τὴν τοῦ θεοῦ γνώμην; πότερον τῆς ἐξ αὐτῶν τῶν γενομένων ἀνάγκης; ἀλλ’ αὐτή γε τῷ προσέσθαι τὸ κοσμηθῆναι τὴν ἐκ τοῦ θεοῦ προσωμολόγησεν ἧτταν· ἀλλ’ ἔξωθέν τινος αἰτίας ἀντα(804)γωνιζομένης τῷ θεῷ; | ἀλλ’ οὔτ’ ἔστιν οὔτ’ ἐν οἷς ἔφθη κρατήσας καὶ κοσμήσας ὁ θεὸς ἔτι ἄξιον ἐν τούτοις αὐτὸν ἐλαττοῦν τινος, εἴ γε μὴ παντάπασι λανθάνομεν ἡμᾶς αὐτοὺς περὶ τῆς μεγίστης καὶ θειοτάτης δυνάμεως διαλεγόμενοι.

17 Ἀλλὰ γὰρ εἰς τὸν περὶ τῆς ἀληθείας λόγον ἐοίκαμεν ὑπὸ προθυμίας ἐκφέρεσθαι· δῆλον μὴν καὶ ὃ προὐθέμεθα, ὡς οὐκ ἂν εἶεν διδάσκαλοι περὶ κόσμου γενέσεως οἳ μηδὲ τὴν ἀρχὴν γένεσιν ἀπολιπόντες αὐτῷ.

Καὶ μὴν καὶ περὶ τῆς τῶν σωμάτων πέμπτης οὐσίας ἣν εἰσηγήb σατο Ἀριστοτέλης ταῦτα παραθετέον·

CITATIONES : 93 = Plato Tim. 41 b 2 ; 97 = leg. III 704 c 7.

IOVND

103 αὐτή I : αὕτη OVND || 110-111 ἐοίκαμεν] ἔοικα κἂν I || μὴν] μὲν ID || 115 ταῦτα] ταύτῃ I.

Fr. 5 (5 Mullach et Baudry)

(ζ'. Du même contre le même : il suppose une quinte essence des corps que ne connaissent ni Moïse ni Platon.)

7. 1 Sur ce qu'on appelle éléments — ce sont les corps premiers, qui ont constitué tous les autres[1] — Platon, cédant à l'évidence sur ce point comme ses devanciers, dit qu'on en reconnaissait quatre, le feu, la terre, l'air, l'eau, dont les combinaisons et les mutations donnaient naissance à tout le reste ; mais Aristote, semble-t-il, espéra se montrer un esprit supérieur s'il ajoutait un corps supplémentaire[2] et augmenta d'une quinte essence le nombre des quatre corps visibles ; c'était traiter la nature avec munificence et générosité, mais oublier que le physiologue doit, au lieu d'édicter des lois[3], analyser les phénomènes naturels. 2 Maintenant, pour ce qui est de démontrer, selon l'usage des platoniciens, qu'il y a quatre éléments primitifs des corps, non seulement le péripatéticien n'y contribuerait pas, mais il serait même à peu près le seul à s'y opposer : ainsi, nous disons que tout corps est chaud ou froid, sec ou humide[4], mou ou dur, léger ou lourd, rare ou dense ; nous trouvons qu'à part les quatre éléments rien ne saurait participer à une de ces qualités (est-ce chaud, c'est du feu ou de l'air ; froid, de l'eau ou de la terre ; est-ce sec, c'est du feu ou de la terre ; humide, de l'eau ou de l'air ; mou, de l'air ou

1. Le texte établi par K. Mras (cf. *Glotta*, 25, 1936, p. 185 et n. 2) s'éloigne plus des manuscrits que l'ἐξ ὧν πρώτων σώματα συνέστηκε d'Estienne. Mras appuie sa restitution sur des parallèles tirés du contexte immédiat, au même paragraphe ; on pourrait y supprimer πάντα, ou même πάντα σώματα ; mais il tenait sans doute à ce dernier mot (qu'il partage avec Estienne) pour expliquer par un « saut du même au même » entre σωμάτων et ⟨... σώματα⟩ l'omission supposée. Τὰ λοιπὰ πάντα revient aux l. 8-9. [Mieux encore : ⟨ἐξ ὧν τὰ λοιπὰ τῶν σωμάτων⟩? P. T.]

2. Jeu sur περιττότερος et περιττοῦ, rendu tant bien que mal par la répétition de *sup-*. Sur la « quinte essence », cf. par exemple *De anima*, II 7, 418 b 8-9, et l'article de P. Moraux, s. v. « quinta essentia », in *R.-E.*, XXIV. 1, 1963, c. 1171-1284 (c. 1187-1192 sur

Fr. 5 (5 Mullach et Baudry)

(Eus., *Pr. ev.*, XV, 7, 1-7 ; p. 804 b-806 a Viger ; II, p. 363, 8-365, 21 Mras)

(804 b V.) (ζʹ. Τοῦ αὐτοῦ πρὸς τὸν αὐτὸν πέμπτην σωμάτων ὑποτιθέμενον οὐσίαν ἣν οὔτε Μωσῆς οὔτε Πλάτων γινώσκει.)

7. 1 **Περὶ γοῦν τῶν καλουμένων στοιχείων, τῶν πρώτων** c **σωμάτων, ⟨ἐξ ὧν τὰ λοιπὰ πάντα σώματα⟩ συνέστηκε, Πλάτων μὲν ἑπόμενος τῇ περὶ αὐτὰ ἐναργείᾳ, καθάπερ καὶ οἱ πρὸ αὐτοῦ, τέσσαρά τ' ἔφησεν εἶναι ταῦθ' ὁμολογούμενα, πῦρ καὶ γῆν καὶ ἀέρα καὶ ὕδωρ, καὶ ἐκ τούτων συγκρινομένων καὶ τρεπομένων τὰ λοιπὰ πάντα γεννᾶσθαι· Ἀριστοτέλης δ' ὡς ἔοικεν ἐλπίσας περιττότερος φανεῖσθαι τῷ φρονεῖν εἴ τι σῶμα ἐκ περιττοῦ προσθείη, προσκατηρίθμησε τοῖς φαινομένοις τέτταρσι σώμασι τὴν πέμπτην οὐσίαν, πάνυ μὲν λαμπρῶς καὶ φιλοδώρως τῇ φύσει χρησάμενος, μὴ συνιδὼν δ' ὅτι οὐ νομοθετεῖν δεῖ φυσιολογοῦντα, τὰ δὲ τῆς φύσεως αὐτῆς** d **ἐξιστορεῖν.** 2 **Εἰς τοίνυν τὴν ἀπόδειξιν τοῦ τέσσαρας εἶναι τὰς πρώτας τῶν σωμάτων φύσεις, ἧς δὴ χρεία τοῖς Πλατωνικοῖς, οὐ μόνον οὐκ ἂν συντελοῖ τι ὁ Περιπατητικός, ἀλλὰ σχεδὸν καὶ μόνος ἐναντιοῖτ' ἄν· λεγόντων γοῦν ἡμῶν ὅτι πᾶν σῶμα ἢ θερμὸν ἢ ψυχρόν, ἢ ξηρὸν ἢ ὑγρόν, ἢ μαλακὸν ἢ σκληρόν, ἢ κοῦφον ἢ βαρύ, ἢ ἀραιὸν ἢ πυκνόν, καὶ εὑρισκόντων ὅτι οὔκ ἂν ἕτερον εἴη τι τὸ μεθέξον τούτων τινὸς παρὰ τὰ τέσσαρα (εἰ μὲν γὰρ θερμόν, ἢ πῦρ ἢ ἀήρ· εἰ δὲ ψυχρόν, ὕδωρ ἢ γῆ· καὶ εἰ μὲν ξηρόν, πῦρ ἢ γῆ· εἰ δ' ὑγρόν, ὕδωρ ἢ**

CITATIONES : 6-7 Plato Tim. 48 b 4.

IBOVND

3 alt. τῶν] ἐξ ὧν Estienne ‖ 4 σωμάτων] σώματα Estienne ‖ ⟨ἐξ— σώματα⟩ Mras ‖ 5 ἐναργείᾳ Estienne : ἐνεργείᾳ codd. ‖ 8 τὰ] καὶ τὰ ND ‖ 14 δεῖ] χρὴ B.

du feu ; dur, de l'eau ou de la terre ; ce peut être léger et rare, comme le feu et l'air ; lourd et dense, comme l'eau et la terre) ; et à la vue de toutes les autres propriétés simples nous concevons qu'il ne saurait y avoir d'autre corps que ceux-ci ; seul Aristote fait front, en affirmant qu'il peut y avoir un corps dépourvu de ces qualités, un corps qui ne soit ni lourd ni léger, ni mou ni dur, ni humide ni non plus sec, autant dire un corps qui soit un non-corps ; car s'il lui en a laissé le nom, il lui a retiré toutes les propriétés qui font naturellement un corps. 3 Ou bien, par conséquent, s'il nous persuade de son opinion, il nous détachera de l'orthodoxie platonicienne ; ou bien, s'il confirme les vues de Platon, il se séparera de ses propres idées[5] ; si bien qu'en aucun cas il n'aidera à comprendre Platon.

4 En outre, Platon veut que tous les corps, qu'il voit formés d'une seule matière homogène, se changent et transforment les uns dans les autres ; Aristote, lui, tient que par-dessus les autres il est une essence impassible, incorruptible, totalement immuable, et ce afin de ne point passer pour le père d'une invention méprisable ; en quoi il ne dit absolument rien d'extraordinaire ni d'original ; il ne fait que transférer à un objet auquel elles ne conviennent pas les propriétés correctement observées par Platon sur d'autres réalités[6]. Tout comme certains des sculpteurs modernes : 5 ils imitent de telle statue[7] la tête, de telle autre le buste, d'une troisième la ceinture, réunissant quelquefois des éléments qui ne s'harmonisent pas les uns avec les autres ; et ils se persuadent qu'ils ont fait œuvre personnelle ; en réalité, si l'ensemble, dont on critiquerait la disproportion, est bien à eux, les pièces ainsi

l'*Epinomis*, 1196-1231 sur Aristote), avec son *Introduction* au *De caelo* (1965), p. XXXIV-LX. Sur *quinta natura*, expression des *Tusculanes* (I 22), cf. H. J. Easterling, in *Museum Helveticum*, 21, 1964, p. 73-85.

3. Νομοθετεῖν, « légiférer », équivaut ici à δογματίζειν (C. Andresen, *Logos und Nomos*, Berlin, 1955, p. 260, n. 44, citant Diog. Laërce, III 51). Les arguments d'Atticus dans sa polémique antiaristotélicienne (surtout ici) ressemblent à ceux de Celse contre le christianisme : il reproche à Aristote sa désertion (du platonisme)

ἀήρ· καὶ εἰ μὲν μαλακόν, ἀὴρ ἢ πῦρ· εἰ δὲ σκληρόν, (805) ὕδωρ ἢ γῆ· | καὶ κοῦφον μὲν καὶ ἀραιόν, οἷον πῦρ καὶ ἀήρ· βαρὺ δὲ καὶ πυκνόν, ὕδωρ καὶ γῆ) καὶ ἐκ τῶν ἄλλων δ' ἁπασῶν τῶν ἁπλῶν δυνάμεων κατανοούντων ὡς οὐκ ἂν εἴη τι παρὰ ταῦτα σῶμα ἕτερον· οὗτος ἀνθίσταται μόνος, φάσκων δύνασθαι σῶμα εἶναι τούτων ἄμοιρον, σῶμα μήτε βαρὺ μήτε κοῦφον, μήτε μαλακὸν μήτε σκληρόν, μήθ' ὑγρὸν ἀλλὰ μήτε ξηρόν, μονονουχὶ λέγων σῶμα οὐ σῶμα· τὸ μὲν γὰρ ὄνομα καταλέλοιπεν αὐτῷ, τὰς δὲ δυνάμεις δι' ὧν σῶμα πέφυκε γίνεσθαι πάσας ἀφῄρηκεν.

b 3 Ἢ τοίνυν ἡμᾶς ἅπερ αὐτὸς λέγει πείθων ἀφαιρήσεται τῆς Πλάτωνος γνώμης, ἢ τὰ Πλάτωνος βεβαιούμενος τῶν αὐτῷ δοκούντων ἀποστήσεται· ὥστ' οὐδαμῇ χρήσιμος πρὸς τὰ τοῦ Πλάτωνος.

4 Ἔτι ὁ μὲν Πλάτων πάντα τὰ σώματα, ἅτε ἐπὶ μιᾶς ὁμοίας ὕλης θεωρούμενα, βούλεται τρέπεσθαι μεταβάλλειν τ' εἰς ἄλληλα· ὁ δ' ἐπὶ μὲν τῶν ἄλλων οὐσίαν ἀπαθῆ τε καὶ ἄφθαρτον καὶ ἄτρεπτον πάντως ἀξιοῖ, ἵνα δὲ μὴ εὐκαταφρονήτου τινὸς πράγματος γεννητὴς c εἶναι δοκῇ, περιττὸν μὲν καὶ ἴδιον παντάπασι λέγων οὐδέν, τὰ δ' ὑπὸ Πλάτωνος ἐπ' ἄλλων ἑωραμένα καλῶς μεταφέρων ἐπὶ τὰ μὴ προσήκοντα, καθάπερ τινὲς τῶν ὕστερον γενομένων ἀνδριαντοποιῶν· ἐκεῖνοί τε γὰρ ἀπομιμησάμενοι τοῦδε τοῦ ἀνδριάντος κεφαλήν, ἄλλου δὲ τὸ στέρνον, ἑτέρου δὲ τὴν ζώνην, εἰς ταὐτὸν συνθέντες ἐνίοτε μὴ προσήκοντα πράγματ' ἀλλήλοις ἔπεισαν αὑτοὺς ὥς τι πεποιηκότες ἴδιον· καὶ ὄντως τὸ μὲν ὅλον, ὃ δή τις ἂν ἀσυμμέτρως ἔχειν αἰτιάσαιτο, ἐστὶν

IBOVND

30 alt. σῶμα] + δὲ D ‖ 33 αὐτῷ] κενὸν B ‖ 37 οὐδαμῇ (etiam D)] οὐδαμῶς N ‖ 40-41 μεταβάλλειν τ' OVND : καὶ μεταβάλλειν IB ‖ 41 post ἄλλων lacunam cj. Mras : tuetur Schwyzer sine cruce ‖ 43 δὲ B (Schwyzer) : δὴ ceteri (Mras) ‖ γεννητὴς] IOND : ἐφευρετὴς BV ‖ 47 ὕστερον] ὑστέρων ND ‖ 48 ἀνδριάντος] ἀνδρὸς Estienne.

quêtées, avec ce qu'elles ont de beau, ne le sont pas. 6 De même pour Aristote : il entend dire à Platon qu'il est une essence intelligible en elle-même, incorporelle, incolore, intangible, sans naissance ni corruption, sans changement ni transformation, demeurant éternellement et identiquement la même ; et d'autre part il entend dire des astres[8] qu'étant divins ils sont des corps incorruptibles et impassibles ; alors il prend aux deux espèces, pour les réunir et les coller ensemble, des éléments qui ne s'accordent pas : en prenant à la seconde le fait d'être un corps, à la première celui d'être impassible, il fabrique un corps impassible[9]. 7 Or dans le cas des statues, même si le manque d'homogénéité n'est pas beau, du moins l'ensemble n'est pas irréalisable ; c'est en tout cas l'enseignement d'Homère, quand il dit : « Pour les yeux et le front, il est pareil à Zeus tonnant, pour la ceinture à Arès, pour la poitrine à Poseidon » ; mais jamais le corps ne saurait être impassible : lié à une nature passible et changeante, il ressentira nécessairement les impressions de sa compagne ; que s'il était impassible, ce serait forcément comme affranchi et libéré du passible ; il serait donc à part de la matière, et s'il en est séparé, devra nécessairement être reconnu incorporel.

Prêtons encore attention à ces autres points où il montre Aristote en désaccord avec Platon :

et son incompréhension (id., *ibid.*, p. 259). Numénius juge de même l' « infidélité de l'Académie à Platon », selon le titre de l'ouvrage dont Eusèbe (XIV, 4-9 = fr. 24-28) nous a conservé une partie (id., *ibid.*, p. 261, n. 48).

4. Antonymes classiques ; voir pour Platon mon *Lexique*, s. v. ; pour Aristote, par exemple, *De part. anim.*, II 1, 646 a 16.

5. C. Andresen (p. 259, n. 43) insiste sur cette « défection » : ἀποστήσεται est de la même racine qu' « apostasie ».

6. [Allusion à des propriétés des νοητά indûment transférées au σῶμα que l'éther est pour Aristote, dont le σῶμα οὐ σῶμα (l. 32-33) annonce le *quasi corpus* des dieux épicuriens (Cic., *N. D.*, I 49, 68, 73) : une fois de plus, Atticus le rejette parmi les réprouvés (P. T.).]

7. L'ἀνδριάντος du texte (qu'à la suite d'Estienne les éditeurs remplaçaient par ἀνδρός) « fait d'Aristote un plagiaire et un vulgaire copiste sans originalité » (J. Baudry *ad loc.*).

αὐτῶν, τὰ δ' ἐν αὐτῷ συνηρανισμένα καί τι καλὸν ἔχοντα,
d οὐκ αὐτῶν. 6 Ὡσαύτως δὲ καὶ Ἀριστοτέλης ἀκούων Πλάτωνος ὅτι ἔστι τις οὐσία νοητὴ καθ' αὑτὴν ἀσώματός τε καὶ ἀχρώματος καὶ ἀναφής, οὔτε γινομένη οὔτε φθειρομένη οὔτε τρεπομένη οὔτε μεταβαλλομένη, 'ἀεὶ δὲ κατὰ ταὐτὰ καὶ ὡσαύτως ἔχουσα', πάλιν δ' αὖ περὶ τῶν κατ' οὐρανὸν ἀκούων ὡς ὄντα θεῖα καὶ ἄφθαρτα καὶ ἀπαθῆ ἐστι σώματα, συνέθηκε καὶ συνεκόλλησεν ἐξ ἀμφοῖν πράγματα μὴ συνᾴδοντα· παρ' ὧν μὲν γὰρ τὸ εἶναι σῶμα, παρ' ὧν δὲ τὸ ἀπαθὲς εἶναι λαβὼν σῶμ' ἀπαθὲς ἐτεκτήνατο. 7 Ἐπὶ μὲν οὖν τῶν ἀνδριάντων, εἰ καὶ μὴ καλὸν τὸ ἐκ τῶν διαφερόντων, οὔ τι γ' ἀδύνατον γενέσθαι· διδάσκει γοῦν τὰ τοιαῦτα καὶ Ὅμηρος·

(806) | ὄμματα (γάρ φησι)
καὶ κεφαλὴν ἴκελος Διὶ τερπικεραύνῳ,
Ἄρει δὲ ζώνην, στέρνον δὲ Ποσειδάωνι·

τὸ δὲ σῶμ' ἀπαθὲς οὐκ ἄν ποτε γένοιτο· παθητῇ γὰρ καὶ τρεπτῇ συνδεδεμένον φύσει ἀνάγκην ἔχει συμπαθεῖν ᾧ συνέζευκται· εἰ δέ τι ἀπαθὲς εἴη, τοῦτ' ἀφειμένον καὶ ἐλεύθερον ἀπὸ τοῦ πάσχοντος εἶναι δεῖ· ὥστε χωρὶς ἂν εἴη τῆς ὕλης, ἧς κεχωρισμένον ἀσώματον ἀναγκαίως ὁμολογοῖτ' ἄν.

b Ἔτι καὶ τούτοις πρόσσχωμεν τὸν νοῦν ἐν ὅσοις ἄλλοις διαφέρεσθαι τῷ Πλάτωνι τὸν Ἀριστοτέλην παρίστησιν·

CITATIONES : 55-58 (νοητὴ... ἀσώματός τε) Plato Soph. 246 b 7-8, (ἀχρώματος καὶ ἀναφής) Phaedr. 247 c 6-7, (ἀεὶ δ'... ἔχουσα) Soph. 248 a 12 ; 59 (θεῖα καὶ ἄφθαρτα) Tim. 40 b 5 ; 66-68 = Hom. Il. 2, 478-479.

IBOVND

53 ἐν] ἐπ' ND ‖ 56 ἀναφής] + καὶ ἀπαθής Theiler (JHS, 77, 1957, 131 = Untersuchungen zur antiken Literatur, Berlin, 1970, 317) ‖ 60 καὶ ἀπαθῆ IV : ἀπαθῆ OND (def. B), post F. Boll (ap. Mras) secl. Theiler (ibid.).

Fr. 6 (6 Mullach et Baudry)

(η'. Du même contre le même : son désaccord avec Platon sur les théories du ciel.)

1 Ensuite, en plus de ce qui précède, nombreux sont leurs désaccords. Pour l'un, les êtres célestes tiennent du feu le principal de leur forme ; l'autre leur refuse toute participation au feu. Pour l'un, le dieu a fixé un luminaire à celle des orbites qui est la seconde par rapport à la terre, pour que le plus possible elle éclairât l'ensemble du ciel, ce par quoi il désignait le soleil ; l'autre, qui refuse que le soleil soit feu mais sait que la lumière est feu pur ou s'apparente au feu, n'admet point que la lumière lui soit inhérente. 2 Davantage, l'un assigne à tous les êtres célestes une incorruptibilité spécifique ; il leur attribue des déperditions et des accroissements proportionnés[1]. Ce qui le contraint à s'exprimer ainsi, ce sont, pour les désagrégations, les rayons du soleil et les vapeurs brûlantes qui s'en dégagent ; pour les récupérations, l'illumination égale de toute sa grandeur ; il ne saurait admettre, en effet, que des corps paraissent égaux s'ils ne reçoivent rien en échange de leurs pertes. 3 Aristote, lui, veut qu'ils gardent la même quantité de substance, sans que rien s'en échappe ou s'y introduise. 4 Davantage, l'un attribue aux astres, outre le mouvement commun qui les meut tous fixés dans leurs orbites, astres fixes aussi bien que planètes, un autre mouvement auquel ap-

1. Avec J. Baudry, je traduis ainsi προσχωρήσεις ; malgré la note de Mras, il n'est pas vrai que le mot « ne se trouve nulle part chez Platon » : c'est la leçon des manuscrits et de Proclus à *Timée*, 40 c 5, où Rivaud (et après lui Cornford) tire προχωρήσεις de l'*antecessiones* de Cicéron et du *progressus* de Calcidius (c. 124 ; p. 168, 1 Waszink). Le sens d' « accroissements » s'accorde avec le § 3 mieux que ne ferait, avec προχωρήσεις, celui d' « approches » (d'une planète vers l'autre), préféré par F. M. Cornford (*Plato's Cosmology*, Londres, 1937, p. 136, n. 1). [Pour la traduction « spécifique », cf. Arist., *De caelo*, I 2, 268 b 13 (P. T.).]

2. Ce cinquième corps, l'éther, faisait l'objet du fr. 5. [Mais l'*Epinomis* le connaissait déjà : 981 c 6-7, 984 b 6 (P. T.) ;] cf. la *Notice* de ce dialogue, p. 112-113.

Fr. 6 (6 Mullach et Baudry)

(Eus., *Pr. ev.*, XV, 8, 1-12 ; p. 806 b-808 c Viger ; II, p. 366, 1-368, 21 Mras)

(806 b V.) (η'. Τοῦ αὐτοῦ πρὸς τὸν αὐτὸν καὶ ἐν τοῖς κατ' οὐρανὸν θεωρήμασι διενεχθέντα τῷ Πλάτωνι.)

c **8**. 1 Ἔπειτα τούτοις ἑπόμενα πολλὰ ἐν οἷς διαφέρονται. Ὁ μὲν γάρ φησι τὰ κατ' οὐρανὸν τὴν πλείστην ἰδέαν ἐκ πυρὸς ἔχειν, ὁ δὲ μηδαμῇ μετεῖναι τοῖς οὐρανίοις πυρός· καὶ ὁ μέν φησιν ἀνάψαι τὸν θεὸν φῶς ἐν τῇ δευτέρᾳ πρὸς γῆν περιόδῳ, ἵν' ὅτι μάλιστα εἰς ἅπαντα φαίνοι τὸν οὐρανόν, περὶ ἡλίου τὸ τοιοῦτον ἀποφαινόμενος· ὁ δέ, ἅτ' οὐκ ἐθέλων πῦρ εἶναι τὸν ἥλιον, τὸ δὲ φῶς εἰδὼς πῦρ καθαρὸν ἤ τι πυρὸς ὄν, οὐκ ἐπιτρέπει φῶς περὶ αὐτὸν ἀνῆφθαι. 2 Ἔτι ὁ μέν, κατ' εἶδος d ἀφθαρσίαν ἀπονέμων τοῖς κατ' οὐρανὸν ἅπασιν, ἀποχωρήσεις τινὰς αὐτῶν καὶ προσχωρήσεις συμμέτρους φησὶ γίνεσθαι· ἀναγκάζουσι δ' αὐτὸν λέγειν ταῦτα, τὰς μὲν ἀποκρίσεις αἵ τ' ἀκτῖνες τοῦ ἡλίου καὶ θερμότητες κατ' ἀπόρρυσιν αὐτοῦ γινόμεναι, τὰς δὲ προσκρίσεις ἡ ἴση τοῦ μεγέθους αὐτοῦ φαῦσις· οὐ γὰρ ἂν ἤθελεν ἴσα φαίνεσθαι μηδὲν ἀνθ' ὧν ἀφίησι λαμβάνοντα· 3 ὁ δ' Ἀριστοτέλης πάντῃ μένειν ἐπὶ τῆς αὐτῆς οὐσίας αὐτὰ βούλεται, μήτε τινὸς αὐτοῖς ἀποχωροῦντος μήτε προσιόντος. 4 Ἔτι ὁ μὲν πρὸς τῇ κοινῇ κινήσει τῶν ἄστρων, καθ' ἣν ἐν ταῖς σφαίραις ἐνδεδεμένοι κινοῦνται (807) πάντες οἱ ἀστέρες, οἵ τ' ἀπλανεῖς καὶ οἱ | πλανώμενοι,

CITATIONES : 4-5 cf. Plat. Tim. 40 a 2-3 ; 7-8 ibid. 39 b 4-5 ; 9-10 cf. Arist. de caelo II 7, 289 a 11 sq. ; 13 cf. Tim. 40 c 5 ; 21-28 cf. Tim. 40 a 8-b 4.

IBOVND

7 γῆν B Pl. : γῇ OVND τῇ I ‖ 10 πυρὸς ὄν Estienne : πῦρ ὅσον codd. ‖ 14 γίνεσθαι] γενέσθαι ND ‖ 17 αὐτοῦ I : αὐτῶν ceteri ‖ φαῦσις IBV^{pc} : φάνσις V^{ac} φάσις OND ‖ 22 ἐνδεδεμένοι OVN^{pc} : ἐνδεδυμένοι IN^{ac}D (def. B).

partient d'être le plus beau sous tous les rapports et de convenir particulièrement à la nature de leur corps ; comme ils sont sphériques, il est naturel que chacun d'eux puisse se mouvoir d'un mouvement circulaire, en tournant sur lui-même ; l'autre leur enlève même ce mouvement dont ils se meuvent comme étant animés et ne leur laisse que le mouvement qui leur vient des sphères qui les contiennent, comme s'ils étaient inanimés. 5 Pour lui, l'imagination que nous nous formons des astres, en nous figurant qu'ils sont mus, est une illusion de notre vue impuissante et comme vacillante, ce n'est pas la réalité ; comme si Platon fondait sa croyance à leur mouvement sur cette imagination, et non sur la raison, qui enseigne que chacun de ces êtres, du fait qu'il est un vivant et possède âme et corps, se meut de son mouvement propre ('tout corps en effet qui reçoit du dehors son mouvement est un corps inanimé ; est au contraire un corps animé celui pour qui c'est du dedans') ; et s'il se meut, comme il est divin, c'est du mouvement le plus beau qu'il se meut ; si le plus beau est le mouvement circulaire, c'est ainsi qu'il se meut. 6 Le sens, lui, peut confirmer les conclusions de la raison, car ses données sont vraies ; mais il ne fournit pas par lui-même la croyance au mouvement.

Sur la question du mouvement de l'univers, vaincu par l'évidence, il ne peut contredire Platon pour nier qu'il se fasse en cercle ; mais là encore il est arrivé à se distinguer de lui par cette belle invention du cinquième corps[2]. 7 Platon voyait quatre corps tous mus naturellement d'un mouvement simple et en ligne droite, le feu vers l'extérieur, la terre vers le centre, les autres vers un point intermédiaire, et il attribua

3. Le terme παντευκόλως manque aux lexiques de L.-S.-J. et de Lampe ; la note de Mras le justifie par son analogie avec plusieurs composés semblables.

4. Cette traduction, que je dois pour l'essentiel à P. Thillet, garde le texte des manuscrits, sans les additions d'Estienne (indiquées dans l'apparat et adoptées par les éditeurs, sauf Baudry). J. Baudry reproduit le texte des manuscrits ; mais il ne traduit pas la phrase

καὶ ἑτέραν αὐτοῖς κίνησιν ἀποδίδωσιν, ἣν δὴ καὶ ἄλλως καλλίστην εἶναι συμβέβηκε καὶ προσήκουσαν αὐτῶν τῇ φύσει τοῦ σώματος· σφαιρικοὶ γὰρ ὄντες εἰκότως σφαιρικὴν ἄν τινα κίνησιν ἕκαστος κινοῖτο περιδινούμενος· ὁ δὲ καὶ ταύτης ἀφαιρεῖται τῆς κινήσεως αὐτοὺς ἣν ὡς ἔμψυχοι κινοῦνται, μόνην δ' ἀπολείπει τὴν ὑπ' ἀλλήλων τῶν περιεχόντων ὥσπερ ἀψύχοις συμβαίνουσαν. 5 Καὶ δὴ καί φησι τὴν γινομένην φαντασίαν
b ἡμῖν ἀπὸ τῶν ἀστέρων ὡς κινουμένων πάθος εἶναι τῆς ἡμετέρας ὄψεως ἀδυνατούσης καὶ ὡσπερεὶ σειομένης, ἀλήθειαν δ' οὐκ εἶναι· ὥσπερ Πλάτωνος ἀπὸ ταύτης τῆς φαντασίας τὴν ὑπὲρ τῆς κινήσεως πίστιν λαμβάνοντος, ἀλλ' οὐκ ἀπὸ τοῦ λόγου τοῦ διδάσκοντος ὅτι ἀνάγκη τούτων ἕκαστον ζῷον ὄντα καὶ ψυχὴν ἔχοντα καὶ σῶμα κινεῖσθαι τὴν ἰδίαν κίνησιν ('πᾶν γὰρ σῶμα ᾧ μὲν ἔξωθεν τὸ κινεῖσθαι ἄψυχον, ᾧ δ' ἔνδοθεν αὐτῷ ἐξ αὐτοῦ ἔμψυχον'), κινούμενον δ' ἅτε θεῖον ὄντα τὴν
c καλλίστην κινεῖσθαι κίνησιν· καλλίστης δ' οὔσης τῆς ἐν κύκλῳ κινήσεως, ταύτῃ αὐτὸν κινεῖσθαι. 6 Ἡ δ' αἴσθησις τὰ μὲν ἐκ τοῦ λόγου μαρτύροιτο ἂν ὡς ἀληθεύουσα, οὐ μὴν αὐτὴ παρέσχε τὴν πίστιν τῆς κινήσεως.

Περὶ δὲ τῆς τοῦ παντὸς κινήσεως ὡς μὲν οὐκ ἐν κύκλῳ τινὶ γίνεται, νικώμενος ὑπὸ τῆς ἐναργείας οὐκ ἔσχεν ἀντειπεῖν Πλάτωνι, παρεῖχε δὲ κἀνταῦθα διαφορὰν αὐτῷ τὸ καλὸν τοῦθ' εὕρημα τοῦ σώματος. 7 Ὁ μὲν γὰρ Πλάτων, ἅτ' ὄντων τεσσάρων σωμάτων καὶ πάντως φύσει κινουμένων ἁπλῆν καὶ εὐθεῖαν κίνησιν, πυρὸς μὲν ἐπὶ
d τὰ ἐκτός, γῆς δ' ἐπὶ τὸ μέσον, τῶν δ' ἄλλων ἐπὶ τὰ με-

CITATIONES : 28-31 cf. Arist. de caelo, II 8, 289 b 1 sq. ; 31-34 cf. ibid. 290 a 17-23 ; 38-40 = Plato Phaedr. 245 e 5-7 ; 45-46 cf. Tim. 34 a 3-5 ; 48 sq. cf. Tim. 58 b.

IB (a l. 45) OVND

39 αὐτῷ Pl. : αὐτὸ OVND αὐτοῦ I ‖ 40 θεῖον ὄντα Estienne : θέοντα codd. ‖ 42 αὐτὸν Estienne : αὐτὸ codd. ‖ 44 αὐτὴ OV : αὔτη I αὐτῇ ND ‖ 46 ἐναργείας BN² : ἐνεργείας IOVN¹D ‖ 51 pr. τὰ] τὸ BD ‖ alt. τὰ IBV : τὸ OND.

à l'âme le mouvement circulaire ; l'autre, qui assignait à chaque corps un mouvement propre, fit de même pour le mouvement circulaire, comme si c'était le mouvement d'un corps, et l'attribua au cinquième corps ; en quoi il s'abusa tout simplement[3]. 8 En effet, les corps qui se meuvent en ligne droite recevaient de la pesanteur et de la légèreté le principe de leur mouvement, alors que le cinquième, qui ne participe ni à la pesanteur ni à la légèreté, participe plutôt à l'immobilité ; 9 mais ce n'est pas de la forme du mouvement circulaire, pour les corps qui se meuvent en ligne droite, que leur mouvement tient sa cause, c'est de l'inclination[4] ; car non seulement, placé au centre d'un autre corps semblable, un corps ne pourra osciller d'aucun côté, mais encore, placé dans un cercle autour d'un corps quelconque[5], il n'aura aucune raison d'osciller vers quoi que ce soit :

'ils peuvent bien aller à droite, vers l'aurore et le soleil, comme à gauche…',

soit en avant, soit en arrière.

10 Davantage, si les autres corps sont repoussés de leur lieu propre, leur élan vers celui-ci les y ramène d'eux-mêmes ; pour le cinquième corps, qui ne sort jamais de son propre lieu, il devrait rester en place. 11 D'ailleurs, sur les autres corps, le cinquième excepté, Aristote manifestement évite, par goût de la dispute, de parler comme Platon. Par exemple, celui-ci se demande si un corps est lourd par nature ou léger par nature ; comme ces propriétés semblaient dépendre de la propension vers le haut ou le bas, il examine s'il y a ou non un haut et un bas par nature ; il démontre avec précision que selon les affinités des corps avec

et n'a aucune note sur la difficulté. Voici la version de Séguier de Saint-Brisson, conforme au texte d'Estienne : « (Le cinquième corps, qui n'a ni pesanteur ni légèreté, a bien plus en lui le principe d'inertie que celui du mouvement rotatoire.) Si, en effet, la forme n'est pas la cause qui, dans les corps mus en ligne droite, en détermine le mouvement, mais la gravitation, un corps semblable, placé dans le milieu de son semblable, ne doit avoir aucune cause d'oscillation. » La traduction d'O. Gigon (p. 314) est assez proche de celle

ταξύ, τὴν ἐκ κύκλῳ κίνησιν ἀπέδωκε τῇ ψυχῇ · ὁ δ', ᾗπερ ἄλλῳ σώματι ἄλλην, οὕτω δὲ καὶ τὴν ἐν κύκλῳ, καθάπερ σωματικήν τινα, τῷ πέμπτῳ προσένειμε σώματι, παντευκόλως αὐτὸν ἐξαπατήσας. 8 Τοῖς μὲν γὰρ ἐπ' εὐθείας κινουμένοις αἱ βαρύτητες καὶ κουφότητες τὴν ἀρχὴν τῆς κινήσεως παρείχοντο, τὸ δὲ πέμπτον σῶμα, μήτε βάρους μετέχον μήτε κουφότητος, ἀκινησίας μᾶλλον · 9 ἀλλ' οὐ τῆς ἐν κύκλῳ κινήσεως τοῖς ἐπ' εὐθείας κινουμένοις τὸ σχῆμα τὴν αἰτίαν ἔχει τῆς κινήσεως, ἀλλ' ἡ ῥοπή · σῶμα γὰρ οὐ μόνον ἐν μέσῳ τεθὲν ὁμοίου τινὸς οὐχ ἕξει πῇ κλιθῇ, ἀλλ' ἐν κύκλῳ περιτεθὲν ὁποίῳ τινὶ οὐχ ἕξει τῆς ἐπί τι κλίσεως αἰτίαν,

(808) | εἴτ' ἐπὶ δέξι' ἴωσι πρὸς ἠῶ τ' ἠέλιόν τε
εἴτ' ἐπ' ἀριστερὰ

εἴτε πρόσω εἴτ' ὀπίσω.

10 Ἔτι τοῖς μὲν ἄλλοις σώμασιν ἐξωσθεῖσι τῶν οἰκείων τόπων παρέχει τὸ κινεῖσθαι πάλιν ἀφ' αὐτῶν ἡ πρὸς τούτους ἀναφορά · τῷ πέμπτῳ δ' ἐκείνῳ, μηδέποτ' ἐκβαίνοντι τῶν αὐτοῦ τόπων, μένειν ἂν προσήκοι. 11 Καὶ περὶ τῶν ἄλλων δὲ σωμάτων, ὑπεξαιρουμένου τοῦ πέμπτου, φαίνεται φιλονικῶν Ἀριστοτέλης μὴ ταὐτὰ λέγειν Πλάτωνι. Ζητήσαντος γὰρ τοῦ Πλάτωνος εἰ ἔστι φύσει βαρὺ σῶμα ἢ φύσει κοῦφον, καὶ ἐπειδὴ ταῦτα κατὰ τὴν
b πρὸς τὸ ἄνω καὶ κάτω σχέσιν ἐφαίνετο λέγεσθαι, σκεψαμένου εἴτ' ἔστι τι κάτω φύσει καὶ ἄνω εἴτε μή, καὶ ἀποδείξαντος ἀκριβῶς ὅτι κατὰ μὲν τὰς τῶν σωμάτων πρὸς τοὺς τόπους οἰκειότητας τὸ κάτω λέγοιτο ἑκάστοις

CITATIONES : 52 cf. Plat. Tim. 37 a 6 ; Arist. de caelo I 2, 269 a 27 sq. ; 56 (βαρύτητες...) cf. Plat. leg. X 897 a 7 ; 64-65 = Hom. Il. 12, 239-240 ; 73 cf. Plat. Tim. 62 c 3 sq.

IBOVND

59 ἀλλ' IBV : om. OND ‖ κινήσεως] + αἰτίαν ἔχει · εἰ γὰρ Estienne (Mras) ‖ 60 κινουμένοις] + οὐ Estienne (Mras) ‖ ἔχει] ἔχον I ‖ 61 ἀλλ' ἡ ῥοπή I : ἄλλη ῥοπῇ (sic) BOVND ‖ γὰρ BV : om. IOND.

leur lieu propre on nomme 'bas' ce vers quoi chacun se porte, et 'haut', le lieu étranger d'où ils s'éloignent ; selon la même relation il distingue le lourd et le léger et, auparavant[1], démontre que ni le centre ni la périphérie ne peuvent raisonnablement s'appeler haut ou bas. 12 Là-dessus l'autre se pose en contradicteur, décidé à renverser de toutes parts les opinions de Platon ; il veut que l'on dise lourd ce qui se porte vers le centre, léger ce qui tend à la périphérie ; il affirme que le lieu central est en bas, et le cercle, en haut.

13 Voilà donc, à propos du monde, de son origine, des corps célestes, tout ce qui les sépare. C'est assez à leur sujet ; Moïse, lui, et les Écritures hébraïques n'ont cure de ces questions ; à bon droit, puisque la rectitude morale de ceux qui s'en occupent ne passe guère pour en avoir profité.

Fr. 7 (7 Mullach et Baudry)

(η'. Du même contre le même : son désaccord sur l'immortalité de l'âme avec Platon et avec les oracles hébraïques.)

9. 1 Au sujet de l'âme, que dirions-nous? Il est évident non seulement pour les philosophes mais déjà peut-être pour tous les profanes que Platon laisse l'âme immortelle ; il tient là-dessus bien des propos, où il

de Séguier. E. H. Gifford édite et traduit le texte d'Estienne, sans note à ce passage ; de même G. Martano (p. 51). [Toute la difficulté vient de ce qu'on a voulu, à tort ce me semble, voir une sorte de balancement entre deux fins de phrases avec ἀλλά (l. 59 et 61) ; je pense, pour ma part, qu'il faut mettre un · après μᾶλλον. 'Ροπή, c'est la tendance vers, l'élan (soit vers le haut, soit vers le bas) ; cf. M. Harl, in *R. É. G.*, 74, 1961, p. XIII. La ῥοπή ne peut être cause du mouvement circulaire de l'éther, elle est le principe du mouvement naturel des éléments soit vers le haut, soit vers le bas (le mot s'applique aux plateaux de la balance : l'un monte, l'autre descend). Dans la suite, Atticus montre qu'un corps ne peut avoir un mouvement circulaire : c'est le signe d'une âme motrice, mieux, automotrice (l'*autokinèton* platonicien, rejeté par Aristote). Au § 10, l. 69-70, il dit qu' « au cinquième corps il convient de rester en place » (P. T.).]

5. Comme le ciel, qui est fait d'éther (note de Mras).

ἐφ' ὃ φέροιντο, ἄνω δ' ἑκάστοις τὸ ἀλλότριον ἀφ' οὗ ἀναχωροῖεν, καὶ κατὰ τὴν αὐτὴν σχέσιν καὶ τὸ βαρὺ καὶ τὸ κοῦφον διανείμαντος καὶ πρὸ τούτων ἀποδείξαντος ὅτι μήτε τὸ μέσον μήτε τὸ πέριξ εὔλογον ἄνω τι αὐτῶν ἢ κάτω λέγεσθαι · 12 ὁ δ' ἀντιτίθησι παν- c **ταχόθεν καταβάλλειν δεῖν ἡγούμενος τἀκείνου, καὶ τὸ μὲν ἐπὶ τὸ μέσον φερόμενον βαρὺ λέγειν βιάζεται, τὸ δ' ἐπὶ τὸ πέριξ κοῦφον, καὶ τὸν μὲν τόπον τὸν ἐν μέσῳ κάτω φησί, τὸν δὲ πέριξ ἄνω.**

13 Ἀλλὰ περὶ μὲν κόσμου καὶ ἐξ ὧν οὗτος καὶ τῶν κατ' οὐρανόν, τοσοῦτον ἀλλήλων ἀφεστήκατον. Ταῦτα μὲν οὖν οἶδε · Μωσῆς δὲ καὶ τὰ Ἑβραίων λόγια τούτων οὐδὲν πολυπραγμονεῖ · καὶ εἰκότως, ὅτι μηδὲ πρὸς βίου κατόρθωσιν τοῖς περὶ ταῦτ' ἀσχολουμένοις λυσιτελεῖν ἐνομίσθη.

CITATIONES : 81-82 cf. Plat. Tim. 63 e 4-5 ; 82-83 cf. Tim. 62 d 7-10 ; 84 cf. Arist. de caelo IV 1, 308 a 7-18.

IBOVND

81 πρὸ τούτων BOVN : πρόσω τούτων I (Mras) πρὸς τούτων D πρὸς τούτῳ Estienne ‖ 83 ὁ δὲ] ὅδε Estienne ‖ 89 οὖν I : om. ceteri ‖ 91 κατόρθωσιν] διόρθωσιν D.

Fr. 7

(Eus., *Pr. ev.*, XV, 9, 1-14 ; p. 808 d-811 a Viger ;
II, p. 369, 5-371, 24 Mras)

d (θ'. Τοῦ αὐτοῦ πρὸς τὸν αὐτὸν καὶ ἐν τοῖς περὶ ἀθανασίας ψυχῆς διενεχθέντα τῷ Πλάτωνι καὶ τοῖς Ἑβραίων λόγοις.)

9. 1 Ὑπὲρ δὲ τῆς ψυχῆς τί καὶ λέγοιμεν ἄν ; δῆλα γὰρ ταῦτα οὐ μόνον τοῖς φιλοσοφοῦσιν, ἀλλ' ἤδη σχεδὸν καὶ τοῖς ἰδιώταις ἅπασιν, ὅτι Πλάτων μὲν ἀθάνατον τὴν (809) **ψυχὴν ἀπολείπει καὶ | πολλοὺς ὑπὲρ τούτου λόγους**

IBOVND

4 ἀλλ' ἤδη] ἀλλὰ δὴ I.

démontre avec une variété multiforme que l'âme est immortelle. 2 Il s'est même élevé parmi ses disciples une grande émulation pour défendre ce dogme et Platon lui-même ; car c'est là presque l'unique lien de toute l'école du grand homme[1]. 3 Le présupposé des principes moraux découle, en effet, de l'immortalité de l'âme, car la vertu ne peut garder sa grandeur, son éclat et sa vigueur que par la divinité de l'âme, et la nature entière tient du pouvoir organisateur de l'âme sa belle organisation. 4 'C'est toujours une âme, dit-il, qui a charge de tout ce qui est dépourvu d'âme ; mais, en circulant dans la totalité de l'univers, elle y revêt çà et là des formes différentes'. Bien plus, la science et la sagesse elles-mêmes dépendent, selon Platon, de l'immortalité de l'âme ; car toutes les connaissances sont des réminiscences, et il ne voit pas d'autre moyen de sauvegarder la recherche et l'étude, dont la science est le fruit. 5 Mais si l'âme n'est pas immortelle, il n'y a pas de réminiscence, et sans celle-ci il n'est pas d'étude. Si donc tous les dogmes platoniciens sont, à la lettre, rattachés et suspendus à la divinité et à l'immortalité de l'âme, celui qui ne l'admet pas renverse toute la philosophie de Platon. 6 Or, qui a entrepris le premier de se poser en contradicteur par ses démonstrations et d'enlever à l'âme son immortalité et tous ses autres privilèges? Quel autre, avant Aristote? Parmi les autres, en effet, les uns lui reconnaissent la survie ; les autres, tout au moins, lui attribuent un pouvoir sur le corps, un certain mouve-

1. Avec Gifford et M. O. Young (*Harv. Theol. Rev.*, 68, 1975, p. 58-60), je fais porter σχεδόν sur toute la proposition, non (comme C. Andresen) sur πᾶσαν : on ne peut déduire de ce texte que certains platoniciens niaient l'immortalité de l'âme.

2. Cf. Platon, *Lois*, X 897 a.

3. « Greffier », γραμματεύς. Le mot est employé ironiquement par Démosthène au § 95 du discours XIX (*Sur les forfaitures de l'ambassade*), où G. Mathieu le rend par « bureaucrate », et au § 127 du discours XVIII (*Sur la couronne*), où il le traduit « scribouillard ». Ici, il fait allusion aux travaux d'Aristote naturaliste ; A.-É. Chaignet (*Histoire*..., III, p. 184 et n. 2) le traduit « copiste ».

ποιεῖται, ποικίλως καὶ παντοίως ἀποδεικνὺς ὅτι ἐστὶν ‘ἀθάνατος ἡ ψυχή’. 2 Πολλὴ δὲ καὶ τοῖς ἐσπουδακόσι περὶ τὰ Πλάτωνος ἡ φιλοτιμία γέγονε, συναγωνιζομένοις τῷ τε δόγματι καὶ τῷ Πλάτωνι· σχεδὸν γὰρ τὸ συνέχον τὴν πᾶσαν αἵρεσιν τἀνδρὸς τοῦτ’ ἔστιν. 3 Ἥ τε γὰρ τῶν ἠθικῶν δογμάτων ὑπόθεσις ἐπηκολούθησε τῇ τῆς ψυχῆς ἀθανασίᾳ, τὸ μέγα καὶ λαμπρὸν καὶ νεανικὸν τῆς ἀρετῆς διὰ τὸ τῆς ψυχῆς θεῖον σῶσαι δυνηθείσης, τά τε τῆς φύσεως πράγματα πάντα κατὰ τὴν
b τῆς ψυχῆς διοίκησιν ἔσχε τὸ καλῶς διοικεῖσθαι δύνασθαι. 4 ‘Ψυχὴ γὰρ πᾶσα’, φησί, ‘παντὸς ἐπιμελεῖται τοῦ ἀψύχου, πάντα δ’ οὐρανὸν περιπολεῖ ἄλλοτ’ ἐν ἄλλοις εἴδεσι γινομένη’. Ἀλλὰ μὴν καὶ τὰ τῆς ἐπιστήμης καὶ τῆς σοφίας εἰς τὴν ἀθανασίαν τῆς ψυχῆς ἀνῆπται τῷ Πλάτωνι· πᾶσαι γὰρ αἱ μαθήσεις ἀναμνήσεις, καὶ οὐκ ἄλλως οἴεται δύνασθαι σῴζεσθαι καὶ ζήτησιν καὶ μάθησιν, ἐξ ὧν ἐπιστήμη γίνεται. 5 Εἰ δὲ μή ἐστιν ἡ ψυχὴ
c ἀθάνατος, οὐδ’ ἀνάμνησις· εἰ δὲ μὴ τοῦτο, οὐδὲ μάθησις. Πάντων οὖν τῶν Πλάτωνος δογμάτων ἀτεχνῶς ἐξηρτημένων καὶ ἐκκρεμαμένων τῆς κατὰ τὴν ψυχὴν θειότητός τε καὶ ἀθανασίας, ὁ μὴ συγχωρῶν τοῦτο τὴν πᾶσαν ἀνατρέπει φιλοσοφίαν Πλάτωνος. 6 Τίς οὖν ἐστιν ὁ πρῶτος ἐγχειρήσας ἀντιτάξασθαι ἀποδείξεσι καὶ τὴν ψυχὴν ἀφελέσθαι τῆς ἀθανασίας καὶ τῆς ἄλλης πάσης δυνάμεως; τίς δ’ ἕτερος πρὸ Ἀριστοτέλους; τῶν μὲν γὰρ ἄλλων οἱ μὲν ἐπιδιαμένειν συνεχώρησαν,
d οἱ δ’, εἰ μὴ καὶ τοῦτο, δύναμίν γ’ ἐν τῷ σώματι καὶ κίνησίν

CITATIONES : 8 = Plato res p. X 608 d 3 ; 14 (θεῖον) cf. leg. V 726 a 3 ; 15-16 cf. Phaedr. 246 c 2 ; 17-19 = Phaedr. 246 b 7-8 ; 21 cf. Phaed. 72 e 5-6.

IBOVND

7 ποιεῖται D : πεποίηται ceteri ‖ 9 περὶ om. D ‖ 25 τῶν] τοῦ I ‖ 31 πρὸ Ἀριστοτέλους OVN : ὡς Ἀριστοτέλης I πρὸς Ἀριστοτέλην D (def. B) ‖ 32 γὰρ Estienne : γε codd.

ment, des œuvres, des actes ; 7 mais autant Platon avait magnifié l'âme, en la proclamant principe de la génération, élève de Dieu, régente de toutes choses, autant il s'est piqué de la rabaisser, de la déshonorer, de montrer presque qu'elle n'est rien ; 8 elle n'est ni un souffle ni du feu ni un corps quelconque, mais elle n'est point incorporelle ni capable de subsister ou de se mouvoir par elle-même, elle n'est pas non plus indépendante des mouvements du corps ; elle est, pour ainsi dire, inanimée. Quelle a été son audace, en effet, ou comme s'il s'est vu forcé d'enlever à l'âme même les mouvements primaires, délibération, réflexion, conjecture, souvenir, raisonnement[2] ! Car ce ne sont pas là des mouvements de l'âme, d'après celui qu'on appelle le greffier de la nature[3] ; en tout cas, il est, pour sa part, tout à fait sûr d'avoir compris les phénomènes extérieurs, lui qui s'est trompé sur sa propre âme au point de ne pas même avoir conscience qu'elle pense[4] ; car ce n'est pas l'âme, pour lui, mais l'homme qui produit chacun de ces actes ; l'âme est immobile, sans plus. 10 Aussi Dicéarque[5] fut-il logique et habile à voir les conséquences lorsqu'il supprima toute l'existence de l'âme. Que l'âme soit une chose invisible et non apparente, c'est clair, de sorte qu'en ne nous référant qu'à l'évidence sensorielle nous ne saurions accorder que l'âme existe ; mais ses mouvements, bien qu'elle soit invisible, paraissent nous forcer à reconnaître que l'âme est quelque chose. 11 Car tout un chacun paraît

4. Παρακολουθεῖν, avec le datif du réfléchi, désigne chez Plotin et Porphyre (ap. Jamblique, *De mysteriis*, III 4 et 14) la conscience psychologique ; cf. *Les mystères d'Égypte*, 1966, p. 100, n. 1.

5. Le géographe Dicéarque, un des premiers disciples d'Aristote, était matérialiste (A. Rivaud, *Histoire de la philosophie*, I, [2]1960, p. 337-338). La place de τοιγαροῦν en tête de la proposition est normale (J. D. Denniston, *The Greek Particles*, Oxford, [2]1953, p. 566-567) ; cf. par exemple Numénius ap. *P. E.*, XIV 18, 3 (fr. 27, l. 14) ; et le τούτῳ qu'Estienne substituait à οὕτως n'est pas indispensable.

6. Αὐτοκίνητος n'est pas (malgré Baudry) absent du vocabulaire platonicien, si on le lit en *Phèdre* 245 c 6 avec le papyrus d'Oxyrhynque 1017 et peut-être Plotin (cf. *Enn.* IV 7, 9, 8) ; L. Robin

τινα καὶ ἔργα καὶ πράξεις ἀπένειμαν τῇ ψυχῇ · 7 ὁ δ',
ὅσῳπερ Πλάτων ἀπεσέμνυνε τὸ τῆς ψυχῆς πρᾶγμα,
ἀρχὴν γενέσεως καὶ 'θεοῦ παίδευμα' καὶ τῶν ἁπάντων
προστάτιν ἀποφηνάμενος, τοσῷδ' ἐφιλονίκησε καθε-
λεῖν καὶ ἀτιμάσαι καὶ μικροῦ δεῖν μηδὲν ἀποφῆναι τὴν
ψυχήν · 8 οὔτε γὰρ πνεῦμα οὔτε πῦρ οὔθ' ὅλως σῶμα,
ἀλλ' οὐδ' ἀσώματον οἷον εἶναί τ' ἐφ' αὑτοῦ καὶ κινεῖσθαι,
ἀλλ' οὐδ' ὅσον ἐπὶ τοῦ σώματος ἀκίνητον εἶναι καὶ ὡς
εἰπεῖν ἄψυχον · οἷον γὰρ ὅδ' ἐτόλμησεν ἢ καὶ ἀπηναγ-
κάσθη, ὡς καὶ τὰς 'πρωτουργοὺς κινήσεις' ἀφελέσθαι
τῆς ψυχῆς, τὸ βουλεύσασθαι, τὸ διανοηθῆναι, τὸ προσ-
(810) δοκῆσαι, τὸ μνημονεῦσαι, τὸ λογίσασθαι · | 9 οὐ γὰρ
ψυχῆς ταὐτά φησι τὰ κινήματα ὁ τῆς φύσεως, ὥς φασι,
γραμματεύς · πάνυ γοῦν οὗτός ἐστι πιστὸς συνεικέναι
τι περὶ τῶν ἐκτὸς ὁ τῆς αὑτοῦ ψυχῆς τοσοῦτον διημαρτη-
κὼς ὡς μηδ' ὅτι διανοεῖται παρακολουθεῖν · οὐ γὰρ ἡ ψυχή,
φησίν, ἀλλ' ὁ ἄνθρωπός ἐστιν ὁ τούτων ἕκαστον ἐνερ-
γῶν, ἡ ψυχὴ δ' ἀκίνητος οὕτως. 10 Τοιγαροῦν ἑπόμενος
Δικαίαρχος καὶ τἀκόλουθον ἱκανὸς ὢν θεωρεῖν ἀνῄρηκε
τὴν ὅλην ὑπόστασιν τῆς ψυχῆς. Ὅτι μὲν γὰρ ἀόρατόν
b τι καὶ ἀφανές ἐστιν ἡ ψυχὴ δῆλον, ὥστ' οὐκ ἂν διά γε
τὴν ἀπὸ τῶν αἰσθήσεων ἐνάργειαν δῴημεν εἶναι ψυχήν · αἱ
δὲ κινήσεις αὐτῆς ἀφανοῦς οὔσης ἀναγκάζειν ἡμᾶς
δοκοῦσιν εἶναί τι τὴν ψυχὴν ὁμολογεῖν · 11 ταῦτα

CITATIONES : 36 (ἀρχὴν γενέσεως) cf. Plat. leg. X 896 a 7 ; (θεοῦ παίδευμα) cf. Tim. 24 d 6 ; 40 cf. Arist. de anima II 2, 414 a 20 ; 43 cf. leg. X 897 a 4 et Arist. de an. I 4, 408 b 1 sq. ; 49-50 : de an. I 4, 408 b 14-15 ; 52-53 cf. Dicaearch. fr. 8 i Wehrli (*Die Schule des Aristoteles*^{2}, I, 1967, p. 14-15).

ITERATIONES : 45-47 cf. fr. 3, l. 73 (τῆς φύσεως εὑρετής).

IBOVND

34 τῇ ψυχῇ B : τῆς ψυχῆς ceteri ‖ 35 πρᾶγμα] ὄνομα O i. t. (γρ. i. m. πρᾶγμα) et V ‖ 42 ὅδε I : τόδε ceteri ‖ 46 ταὐτά φησι τὰ κινήματα] φησι ταῦτα κινήματα D ‖ φασι Gaisford : φησι codd. ‖ 50 φησίν ID : φασίν OVN (def. B) ‖ 51 οὕτως] τούτῳ Estienne ‖ 54 ἐστιν ἡ I : ἐστι ceteri ‖ 55 ἐνάργειαν] ἐνέργειαν ND.

comprendre qu'appartiennent à l'âme la délibération, l'examen, la pensée sous quelque forme que ce soit : quand, en effet, à la vue du corps et de ses facultés, nous considérons que de telles activités ne peuvent venir du corps, nous accordons qu'il y a en nous un principe différent, qui délibère, et que cela, c'est l'âme. D'ailleurs, quels autres arguments nous font-ils croire à l'existence de l'âme? 12 Si, retirant à l'âme les actes qui manifestent le mieux son existence, on les attribue à un autre sujet, on ne lui laisse rien pour prouver sa réalité ni aucune utilité qu'elle ait ou paraisse avoir. Quel secours donc le partisan de son immortalité tirera-t-il de qui la fait mourir? Et quel enseignement sur le mode de son mouvement — celui qui nous la fait dire automotrice[6] — de la part de qui ne lui attribue aucune espèce de mouvement? 13 Soit! mais[7] on dira peut-être qu'au moins sur l'immortalité de l'intellect il s'accorde avec Platon; et en effet, tout en refusant l'immortalité à l'âme entière, il concède que l'intellect au moins est divin et indestructible. Maintenant, quelles sont l'essence et la nature de l'intellect, d'où vient-il, comment entre-t-il dans l'homme[8] et où doit-il retourner ensuite? C'est lui qui le saurait, si toutefois il comprend quelque chose à ce qu'il dit de l'intellect et n'enveloppe pas l'impossibilité de la chose dans l'obscurité du langage pour se dérober à la controverse, comme la seiche déjoue la prise en lançant une encre noire[9]. 14 De toute façon, là aussi il diffère de Platon : pour celui-ci l'intellect ne peut subsis-

adopte cette leçon, bien que la plupart des éditeurs (en dernier lieu C. Moreschini) préfèrent l'ἀεικίνητον des manuscrits, et de même A.-J. Festugière (*R. É. G.*, 59-60, 1946-1947, p. 496), C. Diano (*La parola del passato*, II, 1947, p. 189-192), W. J. Verdenius (*Mnemosyne*, 1955, p. 276), P. Maas (*Textual Criticism*, Oxford, 1958, p. 37-38), P. Thillet (*R. É. A.*, 72, 1970, p. 424). Mais A. Traglia (*Liber amicorum V. De Falco*, Naples, 1971, p. 318-324) incline à αὐτοκίνητον : le *quod semper movetur* de Cicéron (*Tusc.*, I 23, 53) est suivi d'un *quod se ipsum movet* (cf. le *quod esse movet* du *Songe de Scipion*, 8); d'autre part, ἀεικίνητον fait un peu tautologie avec ἀθάνατον. — Αὐτοκίνητος revient à la fin du fr. 7 *bis*, que ce serait une autre raison d'attribuer à Atticus.

7. Même formule pour introduire une objection en XV 4, 11 = fr. 2, l. 79 (note de Mras).

γὰρ ἅπας τις συνιέναι δοκεῖ τῆς ψυχῆς ὄντα, τὸ βου-
λεύεσθαι καὶ σκοπεῖσθαι καὶ καθ' ὁνδήποτε τρόπον
διανοεῖσθαι· ὅταν γὰρ ἴδωμεν τὸ σῶμα καὶ τὰς τούτου
δυνάμεις καὶ ἐνθυμηθῶμεν δὲ τὰς τοιαύτας ἐνεργείας
c ὡς οὐ σώματος, δίδομεν εἶναί τι ἐν ἡμῖν ἕτερον τὸ βου-
λευόμενον, τοῦτο δ' εἶναι τὴν ψυχήν· ἐπεὶ πόθεν ἀλλα-
χόθεν ἐπιστεύσαμεν ὑπὲρ ψυχῆς; 12 ἂν οὖν τις ἐξ
ὧν μάλιστα ψυχὴ φαίνεται ταῦτ' ἀφελόμενος ἑτέρῳ
τινὶ προσάψῃ πράγματι, οὔθ' ὅθεν οὖσα ἐμφαίνεται
καταλέλοιπεν οὔθ' ὅ τι χρήσιμος ἂν εἴη ⟨ἢ⟩ δοκοίη. Τίς
οὖν ἡ βοήθεια τῷ τὴν ψυχὴν ἀθάνατον εἶναι θέλοντι
παρὰ τοῦ τὴν ψυχὴν ἀποκτιννύντος; τίς δ' ἡ διδασκα-
λία τοῦ τρόπου τῆς κινήσεως, καθ' ὃν αὐτοκίνητον αὐτήν
φαμεν, παρὰ τῶν μηδὲ τὸ παράπαν αὐτῇ κίνησιν νεμόν-
d των; 13 Ναί· ἀλλὰ κατά γε τὴν ἀθανασίαν τοῦ νοῦ
φῆσαι τις ἂν αὐτὸν κοινωνεῖν Πλάτωνι· καὶ γὰρ εἰ μὴ
πᾶσαν βούλεται τὴν ψυχὴν ἀθάνατον εἶναι, τόν γε νοῦν
ὁμολογεῖ θεῖόν τε καὶ ἄφθαρτον εἶναι. Τίς μὲν οὖν τὴν
οὐσίαν καὶ τὴν φύσιν ὁ νοῦς, ὅθεν ὢν καὶ πόθεν ἐπεισκρι-
νόμενος τοῖς ἀνθρώποις καὶ ποῦ πάλιν ἀπαλλαττόμενος,
αὐτὸς ἂν εἰδείη, εἴ γε τι συνίησιν ὧν λέγει περὶ τοῦ νοῦ
καὶ μὴ τὸ ἄπορον τοῦ πράγματος τῷ ἀσαφεῖ τοῦ λόγου
περιστέλλων ἐξίσταται τὸν ἔλεγχον, ὥσπερ αἱ σηπίαι
τὸ δυσθήρευτον ἐκ τοῦ σκοτεινοῦ ποριζόμενος. 14 Πάν-
τως δὲ καὶ ἐν τούτοις διαφέρεται Πλάτωνι· ὁ μὲν γὰρ
φησι νοῦν ἄνευ ψυχῆς ἀδύνατον εἶναι συνίστασθαι,

CITATIONES : 58-59 cf. Plat. leg. X 897 a 1 ; 74-75 cf. Arist. de anima I 4, 408 b 18 ; 80-81 cf. Aristot. hist. anim. IX 37, 622 a 11-12 ; Numen. fr. 25 des Pl. (2 Leemans), l. 81-82 (P. E. XIV, 6, 6 ; p. 731 c V. ; II, 274, 10 Mras) ; 83 cf. Plat. Phileb. 30 c 9-10, Tim. 30 b 5.

IB (a § 13) O(G)VND

58-59 βουλεύεσθαι I : βούλεσθαι ceteri ‖ 62 σώματος] + οὔσας Estienne ‖ 62-63 βουλευόμενον] βουλόμενον D ‖ 64-65 ἐξ ὧν] ἔξωθεν I ‖ 67 εἴη ἢ Thillet : εἴη codd. εἶναι Estienne ‖ 76 ὅθεν I : οὐθὲν ceteri ‖ 78 τι I : τις BGVND.

ter sans l'âme, l'autre sépare de l'âme l'intellect ; l'un lui donne l'immortalité en même temps qu'à l'âme, la chose n'étant pas admissible autrement, l'autre la réserve au seul intellect séparé de l'âme ; et il ne veut pas que l'âme sorte du corps, parce que c'est l'opinion de Platon ; il contraint l'intellect de s'arracher à l'âme, parce que Platon a reconnu pareille chose impossible.

Voilà pour Atticus.

Fr. 7 *bis* (?)

(Cf. la traduction et les notes d'E. Lévêque, ap. M.-N. Bouillet, *Ennéades*, II, 1859, p. 623.)

11. 4 Ensuite, après d'autres considérations, il ajoute :

Le reste de ce que d'autres en ont dit nous paraît honteux ; comment en effet ne serait-ce pas une honte de définir l'âme : 'l'entéléchie d'un corps naturel organisé'[1] ; et comment ne serait-ce pas le comble de la honte que d'en faire un souffle qui a un certain caractère, ou un feu intellectuel, allumé ou durci par le refroidissement et comme la trempe de l'air[2] ; de la définir un agrégat d'atomes[3] ou en général de la faire engendrer par le corps, selon le propos d'impies que dans les *Lois* il déclare impie ? Ainsi, toutes ces thèses

8. 'Επεισκρίνεσθαι ne semble pas attesté ailleurs en ce sens dans la grécité profane (cf. Liddell-Scott-Jones) ; mais il se trouve avec la même acception chez Clément d'Alexandrie (*Strom.* VI 135, 1 ; 500, 9 Stählin). Le premier préverbe n'y ajoute pas plus que dans l'ἐπεισιοῦσα de Jamblique, *De mysteriis*, I 8 (24, 13 P.) ; sur l'εἴσκρισις (Origène, *In Ioh.*, 6, 14 ; 123, 34 Preuschen ; II, p. 190, l. 50 Blanc, 1970), cf. W. Theiler, *Forschungen zum Neuplatonismus*, p. 29.

9. Image identique chez Numénius ap. *P. E.* XIV 6, 6 (fr. 25, l. 81) ; Atticus la lui aurait-il empruntée ? Cf. *Notice*, VI, p. 19.

1. Sur l'ἐντελέχεια de cette définition, où Aristote n'emploie pas ἐνδελέχεια, cf. W. Theiler, *J. H. S.*, 77, 1957, p. 131 = *Untersuchungen zur antiken Literatur*, Berlin, 1970, p. 317, n. 11.

2. Ceci est stoïcien, comme le sera la terminologie au début du fr. 8 ; cf. J. Baudry, p. XII ; S. Lilla, *Clement of Alexandria*, Oxford, 1971, p. 212. Chrysippe comparait la création de l'âme au durcissement du *pneûma* sous l'action de l'air froid (*S. V. F.*, II, p. 134,

(811) **ὁ δὲ χωρίζει τῆς ψυχῆς τὸν νοῦν· | καὶ τὸ τῆς ἀθανασίας ὁ μὲν μετὰ τῆς ψυχῆς αὐτῷ δίδωσιν, ὡς ἄλλως οὐκ ἐνδεχόμενον, ὁ δέ φησιν αὐτῷ μόνῳ χωριζομένῳ τῆς ψυχῆς τοῦτο περιγίγνεσθαι· καὶ τὴν μὲν ψυχὴν τοῦ σώματος οὐκ ἠξίωσεν ἐκβαίνειν, ὅτι Πλάτωνι τοῦτ' ἤρεσε, τὸν δὲ νοῦν ἀπορρήγνυσθαι τῆς ψυχῆς ἠνάγκασεν, ὅτι ἀδύνατον ἔγνω Πλάτων τὸ τοιοῦτον.**

Ταῦτα μὲν ὁ Ἀττικός.

CITATIONES : 84 cf. Arist. de anima II 1, 413 a 4-7 ; 88 (ἐκβαίνειν) cf. Phaed. 77 d 8, rem p. X 614 b 8, Phaedr. 256 d 5.

IBOVND

84 ὁ δὲ] οὐ δὲ I ‖ 87 περιγίνεσθαι] -γενέσθαι ND ‖ 90 τοιοῦτον BD : τοιοῦτο ceteri.

Fr. 7 *bis* (?)

(Eus., *Pr. ev.*, XV, 11, 4 ; p. 813 c-d Viger ; II, p. 374, 20-375, 4 Mras)

(813 c V.) 4 Εἶθ' ἑξῆς μεθ' ἕτερα ἐπιλέγει·

Τὰ μὲν οὖν ἄλλ' ὅσα περὶ αὐτῆς εἰρήκασιν ἄλλοι αἰσχύνην ἡμῖν φέρει· πῶς γὰρ οὐκ αἰσχρὸς ὁ 'ἐντελέχειαν' τιθεὶς τὴν ψυχὴν λόγος 'σώματος φυσικοῦ ὀργανικοῦ'; πῶς δ' οὐκ αἰσχύνης γέμων ὁ πνεῦμά πως ἔχον αὐτὴν ἀποδιδοὺς ἢ πῦρ 'νοερόν', τῇ περιψύξει καὶ οἷον βαφῇ τοῦ ἀέρος ἀναφθὲν ἢ στομωθέν, ὅ τ' ἀτόμων ἄθροισμα θεὶς ἢ ὅλως ἀπὸ σώματος αὐτὴν γεννᾶσθαι ἀποφαινό-
d **μενος; ὃν δὴ λόγον ἐν Νόμοις 'ἀσεβῆ ἀσεβῶν' εἶναι ἀπεφήνατο. Αἰσχύνης οὖν πάντες οὗτοι πλήρεις λό-**

CITATIONES : 3-5 = Aristot. de anima, II 1, 412 b 5 ; 6 cf. SVF II 1009 (p. 299, 11-12 Arnim) : πνεῦμα νοερὸν καὶ πυρῶδες ; 9 Plato leg. X 891 d 2 et e 7.

IOVND (in B cap. 10-11 desiderantur)

5 ἔχον] ἔχειν I.

suent la honte[4], alors que de qui la déclare essence automotrice[5] personne, dit-il, ne rougirait.

Fr. 8 (8 Mullach et Baudry)

(ιβ'. Contre le même Aristote, en désaccord aussi avec Platon sur la question de l'âme universelle[1].)

12. 1 Platon dit encore que l'âme ordonne le monde en pénétrant l'univers, cette âme à laquelle les autres philosophes reconnaîtraient eux-mêmes le gouvernement de toutes choses ; que la nature n'est rien d'autre qu'une âme et évidemment une âme qui n'est pas sans raison ; de tout cela il conclut que tout arrive selon la Providence, bien qu'aussi selon la nature[2] ; or sur aucun de ces points Aristote ne nous donne son accord. 2 La nature, pour lui, n'est pas une âme ; les réalités terrestres sont bien gouvernées par la nature, mais elles ne le sont pas par une âme ; car pour chaque chose il y a d'autres causes encore. Pour les réalités célestes, qui sont toujours et invariablement de la même manière, il suppose que le destin en est la cause ; pour les choses sublunaires, c'est la nature ; pour les choses humaines, la réflexion, la prudence et l'âme ; dans de pareilles divisions il montre sa finesse, mais il n'en prouve point la nécessité. 3 Car s'il n'y avait une force unique animée pour parcourir et pénétrer l'univers, pour lier et maintenir toutes choses,

25 et 222, 20). « Allumé » porte, par chiasme, sur le « feu intellectuel » d'Héraclite ; « durci », sur le *pneûma*.

4. Comme Démocrite et Épicure.

5. C'est cette note de « honte » (le mot revient plusieurs fois) qui semble à P. Merlan trahir la main d'Atticus : il lui donne tout le § 4 (ap. A. H. Armstrong, *The Cambridge History*..., p. 73, n. 3), alors que K. Mras l'attribuait comme les trois premiers à Porphyre (*Glotta*, 25, 1936, p. 184).

1. Même emploi d'αὐτοκίνητος qu'en XV 9, 12 (fr. 7, l. 70 et n. 6) ; cette récurrence confirmerait l'attribution du § 4 à Atticus (ci-dessus, n. 4). « Dit-il » se rapporte à Platon.

(Fr. 8) 2. Ou : « dans son traité de l'âme en général », comme traduit

γοι · ἐπὶ δὲ τῷ λέγοντι αὐτοκίνητον οὐσίαν οὐκ ἄν τις, φησίν, αἰσχυνθείη.

CITATIONES : 11-12 cf. Phaedr. 245 e 4-5.

Fr. 8 (8 Mullach et Baudry)

(Eus., *Pr. ev.*, XV, 12, 1-4 ; p. 813 d-814 d Viger ; II, p. 375, 5-376, 8 Mras)

(813 d V.) (ιβ'. Πρὸς τὸν αὐτὸν διενεχθέντα τῷ Πλάτωνι καὶ ἐν τῷ περὶ τῆς καθόλου ψυχῆς λόγῳ.)

(814) **12.** 1 | Ἔτι τοῦ Πλάτωνος λέγοντος τὴν ψυχὴν διακοσμεῖν τὰ πάντα 'διήκουσαν διὰ πάντων', καὶ ταύτην ὑφ' ἧς καὶ οἱ λοιποὶ διοικεῖσθαι συγχωροῖεν ἂν ἕκαστα, καὶ μηδὲν ἄλλ' εἶναι τὴν φύσιν ἢ ψυχὴν καὶ δηλονότι ψυχὴν οὐκ ἄλογον, καὶ ἐκ τούτων συνάγοντος ὅτι πάντα κατὰ πρόνοιαν γίνεται, εἴ γε καὶ κατὰ φύσιν · πρὸς οὐδὲν τούτων ἡμῖν Ἀριστοτέλης ὁμολογεῖ. 2 Οὐ γὰρ εἶναι τὴν φύσιν ψυχήν, καὶ τὰ περὶ γῆν ὑπὸ μὲν φύσεως διοικεῖσθαι, ὑπὸ δὲ ψυχῆς μὴ διοικεῖσθαι · εἶναι γὰρ
b ἐφ' ἑκάστῳ τῶν πραγμάτων ἄλλας καὶ τὰς αἰτίας · τῶν μὲν γὰρ οὐρανίων 'ἀεὶ κατὰ ταὐτὰ καὶ ὡσαύτως' ἐχόντων αἰτίαν τὴν εἱμαρμένην ὑποτίθησι, τῶν δ' ὑπὸ σελήνην τὴν φύσιν, τῶν δ' ἀνθρωπίνων φρόνησιν καὶ πρόνοιαν καὶ ψυχήν, τὸ μὲν γλαφυρὸν ἐν ταῖς τοιαύταις διαιρέσεσι παρεχόμενος, τὸ δ' ἀναγκαῖον οὐ συνορῶν. 3 Εἰ γὰρ μὴ μία τις εἴη δύναμις ἔμψυχος 'διήκουσα διὰ τοῦ παντὸς' καὶ πάντα 'συνδοῦσα καὶ συνέχουσα', οὔτ' ἂν

FONTES : 4 (διακοσμεῖν) cf. Plat. Crat. 400 a 9 al. ; (διήκουσαν διὰ πάντων) = SVF II 1029 (p. 306, 39 Arnim) al. ; 5 et 11 (διοικεῖσθαι) Phaedr. 246 c 2 al. ; 13 (ἀεὶ κατὰ ταὐτὰ...) Phaed. 78 c 5 al. ; 19 (συνδοῦσα καὶ συνέχουσα) Phaed. 99 c 6 al.

IBOVND

10 μὲν] μιᾶς D (Estienne) ‖ 11 ὑπὸ δὲ ψυχῆς μὴ διοικεῖσθαι B : om. ceteri ‖ 12 καὶ] ἄλλας καὶ i. m. D καὶ ἄλλας Viger i. m.

l'univers ne pourrait être raisonnablement et bellement gouverné ; ce serait le même aveuglement, et d'espérer qu'une cité puisse prospérer sans unité, et de croire que pareille argumentation conservera cet univers dans toute la beauté où il nous apparaît, sans le lier harmonieusement par la participation à un principe unique et homogène. 4 Il dit bien qu'un tel principe est ce qui gouverne chaque chose, comme il y a un principe de mouvement, mais il ne veut pas que ce soit une âme, bien que Platon, cette fois encore, démontre que pour tout ce qui se meut le principe et la source du mouvement est l'âme. Et ce qui serait l'œuvre d'une âme raisonnable et sage, ne rien faire en vain[3], il en fait hommage à la nature, mais sans lui donner part au nom d'âme, comme si c'était sur leur nom et non sur leur puissance que les choses se jugent.

Fr. 9 (9 Mullach et Baudry)

(ιγʹ. Contre le même, pour avoir tourné aussi en dérision les Idées platoniciennes, dont il a été prouvé déjà auparavant que les Écritures hébraïques ne les ignoraient pas.)

13. 1 Le point capital, la force de l'école de Platon, c'est l'ordre des intelligibles ; or cette théorie a été décriée, bafouée, vilipendée de toute manière

A.-É. Chaignet (*Histoire*···, III, p. 176 et n. 5) ; ce serait alors un écrit indépendant : cf. *Notice*, II, p. 9 et n. 2.

2. [Peut-être plutôt : « s'il est vrai aussi que cela arrive selon la nature ». L'identification κατὰ πρόνοιαν-κατὰ φύσιν fait songer à la réduction du καθ' εἱμαρμένην au κατὰ φύσιν par Alexandre d'Aphrodise, *De fato*, 169, 18-20 Bruns (P. T.].] Sur la phrase, cf. H. Dörrie, in *Hermes*, 82, 1954, p. 334 (= *Platonica minora*, p. 289), n. 17 : encore un point où Plutarque s'accorde avec Atticus.

3. « Dieu et la nature ne font rien inutilement » (Aristote, *Du ciel*, I 4, p. 271 a 33 ; trad. P. Moraux, 1965).

εὐλόγως τὸ πᾶν οὔτε καλῶς διοικούμενον εἶναι δύναιτο·
c τῆς δ' αὐτῆς ἦν ἄρ' ἀβλεψίας καὶ πόλιν ἐλπίσαι ποτὲ
καλῶς χωρὶς ἑνώσεως διαγενέσθαι καὶ τὸ πᾶν τόδ' ἡγήσασθαι πάγκαλον τῷ λόγῳ διαφυλάξειν, οἷόνπερ φαίνεται, μὴ συνδήσαντα καὶ συναρμόσαντα ἑνός τινος ὁμοίου κοινωνίᾳ. 4 Καὶ τοιοῦτον μέν τι πρᾶγμα τὸ διοικοῦν ἕκαστα εἶναί φησιν οἷον ἀρχὴν εἶναι κινήσεως, τοῦτο δ' εἶναι ψυχὴν οὐ βούλεται, καίτοι τοῦ Πλάτωνος αὖ δεικνύντος ὅτι τοῖς κινουμένοις ἅπασιν 'ἀρχὴ καὶ πηγὴ τῆς κινήσεως' ἡ ψυχή. Καὶ ὃ μὲν ἂν ἔργον εἴη ψυχῆς λογικῆς καὶ φρονίμου τὸ 'μηδὲν μάτην ποιεῖν', τοῦτ'
d ἀνατίθησι τῇ φύσει, τοῦ δ' ὀνόματος αὐτῇ τῆς ψυχῆς
οὐ μεταδίδωσιν, ὥσπερ ἐκ τῶν ὀνομάτων ἀλλ' οὐκ ἐκ τῶν δυνάμεων τῶν πραγμάτων λαμβανομένων.

CITATIONES : 24 (συναρμόσαντα) cf. Plat. Tim. 74 c 8 al. ; 29 (ἀρχὴ καὶ πηγὴ κινήσεως) = Phaedr. 245 c 10 ; 30 (φρονίμου) Phaed. 94 b 4 al. ; (μάτην) cf. Tim. 33 d 4, Arist. de caelo I 4 271 a 33 al.

IBOVND
23 τῷ λόγῳ] τὸν λόγον dub. Mras || 25 μέν τι IOVD : μέντοι BN || 27 οὐ] ὁμολογεῖν οὐ I || αὖ Mras : αὐτὰ codd. αὐτοῦ Estienne.

Fr. 9 (9 Mullach et Baudry)

(Eus., *Pr. ev.*, XV, 13, 1-6 ; p. 814 d-816 b Viger ; II, p. 376, 9-378, 4 Mras)

(814 d V.) (ιγ'. Πρὸς τὸν αὐτὸν διαπαίξαντα καὶ τὰς παρὰ Πλάτωνι ἰδέας, ἃς οὐκ ἀγνοεῖν καὶ οἱ Ἑβραίων ἤδη πρότερον συνέστησαν λόγοι.)

(815) **13.** 1 | **Τὸ δὲ κεφάλαιον καὶ τὸ κῦρος τῆς Πλάτωνος αἱρέσεως, ἡ περὶ τῶν νοητῶν διάταξις, ἠτίμασται καὶ**

IBOVND
2 συνέστησαν] συνεστήσαντο I.

autant qu'il dépendait d'Aristote. Ne pouvant concevoir que ce qui est grand, divin, extraordinaire requiert, pour être reconnu, une faculté analogue, se fiant d'autre part à sa perspicacité superficielle et terre à terre — capable de pénétrer les phénomènes terrestres et d'en apercevoir la réalité mais impuissante à contempler 'la plaine de la vérité' authentique[1] — il se prit pour règle et arbitre de ce qui le dépassait, méconnut qu'il y avait des natures particulières reconnues par Platon[2] et osa traiter de radotages, de babillages[3], de sornettes les plus élevés des êtres. 2 Or le faîte, la cime des vues de Platon, c'est la considération de cette essence intelligible et éternelle des Idées, 'où l'âme est en face de l'épreuve et de la joute suprêmes'. En effet, y participer, l'atteindre, c'est le parfait bonheur ; rester en arrière sans pouvoir la contempler, c'est l'abandon sans part à cette félicité. 3 Voilà pourquoi Platon lutte de tous côtés, en montrant la force de ces natures ; pour lui, impossible de bien déterminer la cause de quoi que ce soit si l'on n'y participe, ni de connaître une vérité quelconque sans remonter jusqu'à elles ; on n'aura pas même accès au raisonnement à moins de confesser leur existence. 4 Quant à ceux qui ont décidé de défendre la doctrine de Platon, ils font de cette question leur principal terrain de discussion, et ils y sont bien obligés ; rien ne reste plus du platonisme,

1. Expressions du *Phèdre*, dont cette page est remplie ; ἐποπτεύειν appartient à la langue des mystères (cf. *Annales de la Faculté des Lettres d'Aix*, 38, 1964, p. 18-20).

2. La conjecture de Viger ἀϊδίους (pour ἰδίας) est tentante ; mais ἀΐδιος vient quelques lignes plus bas (l. 18).

3. Pléthon reprendra cette expression des *Seconds Analytiques* d'Aristote pour la lui appliquer : *De differentiis Platonis et Aristotelis*, *P. G.*, 160, 925 b ; cf. F. Masai, *Pléthon et le platonisme de Mistra*, Paris, 1956, p. 162 et n. 7.

4. Atticus identifie le Père et le démiurge (ποιητής = δημιουργός) ; cf. C. Andresen, in *Z. N. W.*, 44, 1952-1953, p. 167 et n. 40 ; G. C. Stead, in *J. T. S.*, 1964, p. 23, n. 1. — A.-J. Festugière (*Proclus, Commentaire sur le « Timée »*, II, Paris, 1967, p. 262, n. 1) analyse cette longue phrase du § 5, qu'il couperait en deux. Il traduit le ταὐτὸν δή des l. 39-40 « tout de même », alors que Mras entend « identité », en apposition à τὴν ὁμοιότητα. Mais il tire de νοήσας un ἐνόησε

προπεπηλάκισται καὶ παντοίως, τό γ' ἐξὸν ἐπ' Ἀριστο-
τέλει, περιύβρισται· οὐ γὰρ δυνάμενος ἐννοῆσαι διότι
τὰ μεγάλα καὶ θεῖα καὶ περιττὰ τῶν πραγμάτων πα-
ραπλησίου τινὸς δυνάμεως εἰς ἐπίγνωσιν δεῖται, τῇ δ'
αὑτοῦ λεπτῇ καὶ ταπεινῇ δριμύτητι πιστεύων, ἥτις δια-
δῦναι μὲν τῶν ἐπὶ γῆς πραγμάτων καὶ τὴν ἐν τούτοις
ἀλήθειαν ἰδεῖν ἐδύνατο, τῆς δ' ὄντως 'ἀληθείας' ἐποπ-
b τεῦσαι τὸ 'πεδίον' οὐχ οἵα τ' ἦν, αὑτῷ κανόνι καὶ κριτῇ
τῶν ὑπὲρ αὑτὸν χρησάμενος ἀπέγνω τινὰς εἶναι ἰδίας
φύσεις, οἵας Πλάτων ἔγνω, λήρους δὲ καὶ 'τερετίσματα'
καὶ φλυαρίας ἐτόλμησεν εἰπεῖν τὰ τῶν ὄντων ἀνώτατα.
2 Τὸ μὲν οὖν ἄκρον τε καὶ ἔσχατον τῶν Πλάτωνος φιλο-
σοφημάτων ἐστὶ τὸ περὶ τὴν νοητὴν ταύτην καὶ ἀΐδιον
οὐσίαν τὴν τῶν ἰδεῶν, 'ἔνθα δὴ πόνος τε καὶ ἀγὼν ἔσχα-
τος ψυχῇ πρόκειται'. Ὁ μὲν γὰρ μετασχὼν καὶ ἐφικό-
μενος αὐτῆς πάντως εὐδαίμων, ὁ δ' ἀπολειφθεὶς καὶ
c ἀδυνατήσας θεωρὸς γενέσθαι πάντως ἄμοιρος εὐδαι-
μονίας καταλείπεται· 3 καὶ διὰ τοῦτο Πλάτων τε
πανταχῇ διαγωνίζεται, δεικνὺς τὴν ἰσχὺν τούτων τῶν
φύσεων· οὔτε γὰρ αἰτίαν ὡντινωνοῦν ἀποδοῦναί φησιν
οἷόν τ' εἶναι καλῶς, ἂν μὴ τούτων μεθέξει, οὔτε γνῶσίν
τινος ἀληθοῦς, ἂν μὴ τῇ πρὸς ταῦτα ἀναφορᾷ, ἀλλ'
οὐδὲ λόγου μετέσεσθαί τισιν, εἰ μὴ τὴν τούτων οὐσίαν
ὁμολογήσειαν. 4 Οἵ τ' αὖ τὰ τοῦ Πλάτωνος συνιστάναι
ἐγνωκότες τὸν πλεῖστον ἀγῶνα τῶν λόγων ἐν τούτῳ
τίθενται, πάνυ ἀναγκαίως· οὐδὲν γὰρ ἔτι τὸ πλατωνι-
d κὸν ἀπολείπεται, εἰ μὴ τὰς πρώτας καὶ ἀρχικωτάτας

CITATIONES : 12-13 (ἀληθείας... πεδίον) = Plato Phaedr. 248 b 7 ; 15 (τερετίσματα) Aristot. anal. post. I 22, 83 a 33 ; 18 (νοητὴν... οὐσίαν) cf. Plat. Soph. 246 b 7-8 ; 19-20 (ἔνθα... πρόκειται) = Phaedr. 247 b 5-6 ; 22-23 (ἄμοιρος... καταλείπεται) cf. leg. IV 716 b 1 ; 26 (μεθέξει) cf. Parm. 132 d 3 al. ; 27 (ἀναφορᾷ) cf. Phaed. 76 b 5 e 1 al.

IBOVND

14 ἰδίας] ἀϊδίους Viger ‖ 18 νοητὴν] νοερὰν D ‖ 29 οἵ τ' αὖ τὰ Estienne : οἱ ταῦτα codd.

en effet, si on ne leur concède, en faveur de Platon, ces natures premières et tout à fait primordiales; car c'est par là surtout qu'il l'emporte sur les autres. Comprenant, en effet, que c'est par rapport à elles que Dieu est de toutes choses le père, le démiurge, le maître, le tuteur[4]; reconnaissant, d'après ses œuvres, que cet artisan avait d'abord conçu ce qu'il devait ouvrer, puis, qu'une fois le modèle conçu, il y rendait conforme les choses, tout de même Platon embrassa du regard les pensers de Dieu plus anciens que les choses[5] : les modèles du devenir, incorporels et intelligibles[6], qui restent toujours identiquement les mêmes, qui existent en soi souverainement et primordialement et sont pour le reste causes partielles[7] que chaque chose est telle qu'elle est, selon sa ressemblance avec eux; il vit que tout cela n'est pas des plus facile à observer, ni susceptible d'être manifesté clairement par le discours; mais autant qu'il pouvait parler et penser pour cette voie et y préparer des disciples, il se mit à l'étude, fonda là-dessus toute sa philosophie, proclama que de ces Idées et de leur intelligence dépendaient la sagesse et la science, qui procurent à l'homme sa fin, la vie bienheureuse.

6 Voilà pour Atticus; on pourrait citer plus longuement encore le traité susdit de notre homme...

pour en faire un premier verbe principal avant συνιδών. A ce dernier participe, qu'il fait suivre d'un ⟨οὖν⟩, commencerait une seconde principale avec φησί (50) pour verbe. Il me semble que ὁ Πλάτων est le sujet unique de l'unique verbe φησί et qu'il faut, à partir de τὰ τοῦ θεοῦ νοήματα, tout faire dépendre de συνιδών, comme l'indique Mras.

5. Voir cette note aux Notes complémentaires (p. 86).

6. Voilà les Idées Modèles, probablement indépendantes des pensées de Dieu.

7. Sur ces παραίτια, cf. H. Dörrie, in *Gnomon*, 29, 1957, p. 188 et n. 2 = *Platonica minora*, p. 266 et n. 3.

φύσεις ταύτας συγχωρήσεταί τις αὐτοῖς ὑπὲρ Πλάτωνος· ταῦτα γάρ ἐστιν οἷς μάλιστα τῶν ἄλλων ὑπερέχει.

5 Νοήσας γὰρ θεὸν πρὸς αὐτὰ τῶν ἁπάντων 'πατέρα καὶ δημιουργὸν' καὶ δεσπότην καὶ κηδεμόνα καὶ γνωρίζων ἐκ τῶν ἔργων τὸν τεχνίτην πρότερον νοῆσαι τοῦθ' ὃ μέλλει δημιουργήσειν, εἶθ' οὕτω τῷ νοηθέντι κατόπιν ἐπὶ τῶν πραγμάτων προσάγειν τὴν ὁμοιότητα, ταὐτὸν δή, τὰ τοῦ θεοῦ νοήματα πρεσβύτερα τῶν πραγμάτων, τὰ τῶν γενομένων παραδείγματα ἀσώματα καὶ νοητά, 'κατὰ ταὐτὰ καὶ ὡσαύτως ἔχοντ' ἀεί', μάλιστα μὲν καὶ
(816) πρώτως αὐτὰ ὄντα, παραί|τια δὲ καὶ τοῖς ἄλλοις τοῦ εἶναι τοιαῦθ' ἕκασθ' οἷάπερ ἐστί, κατὰ τὴν πρὸς αὐτὰ ὁμοιότητα, συνιδὼν ὁ Πλάτων ὄντα οὐ ῥᾷστα ὀφθῆναι, οὐ μὴν οὐδὲ λόγῳ σαφῶς δηλωθῆναι δυνάμενα, αὐτὸς ὡς οἷόν τ' ἦν ὑπὲρ αὐτῶν εἰπεῖν καὶ φρονῆσαι καὶ παρασκευάσαι τοὺς μέλλοντας ἐπακολουθήσειν πραγματευσάμενος ταῦτα καὶ τὴν σύμπασαν αὐτοῦ φιλοσοφίαν εἰς τοῦτο συνταξάμενος, περὶ ταῦτά φησι καὶ τὴν τούτων νόησιν καὶ τὴν σοφίαν εἶναι καὶ τὴν ἐπιστήμην, δι' ἧς
b τὸ ἀνθρώπινον τέλος καὶ ἡ μακαριστὴ βιοτὴ παραγίνεται.

6 Τοσαῦτα ὁ Ἀττικός· παρῆν δὲ καὶ τούτων ἔτι πλείω ἐκ τῆς δηλωθείσης παραθέσθαι τοῦ ἀνδρὸς γραφῆς...

CITATIONES : 35-36 (πατέρα καὶ δημιουργὸν) Tim. 41 a 7; 36-37 (γνωρίζων... τεχνίτην) Sap. 13, 1 ; 41 (ἀσώματα) cf. Soph. 246 b 7-8 ; 42 (ὡσαύτως) Phaed. 78 c 5 al. ; 45 (οὐ ῥᾷστα) Tim. 28 c 4-5.

IBOVND

34 οἷς] οἷα I ‖ 35 τῶν IV : τὸν BOND ‖ 38 τῷ νοηθέντι (etiam V[ac])] τῶν νοηθέντων BV[1] ‖ 45 συνιδὼν] + οὖν Festugière.

FRAGMENTS DIVERS

D'un « Traité de l'âme »?

Fr. 10

Traduction (revue) et commentaire : A.-J. Festugière, *La révélation d'Hermès Trismégiste*, III, p. 207-209.

Déjà, d'ailleurs, au sein même des platoniciens, il y a beaucoup de dissensions ; ceux-ci... ceux-là, tel Numénius... ; d'autres, comme Atticus et Plutarque, de la lutte font sortir l'harmonie. Pour ces derniers, alors que préexistent les mouvements désordonnés et irréguliers[1], surviennent par la suite les mouvements qui règlent et ordonnent les premiers, et, de ces deux ensembles, ils tissent ainsi la trame de l'accord.

Fr. 11

Id., *ibid.*, p. 221.

Mais Atticus et certains autres platoniciens ne sont pas de cet avis : ils ne connaissent qu'un mode de rencontre pour unir toutes les âmes[1] aux corps ; d'une manière toujours identique, à chaque incorporation des âmes[2], ils font exister d'abord l'âme irrationnelle, désordonnée et immergée dans la matière, et quand cette âme est bien ordonnée, ils la font en outre s'unir à l'âme raisonnable.

D'un commentaire sur le « Timée »?

Fr. 12

Traduction (revue) et commentaire : A.-J. Festugière, *Proclus, « Timée »*, II, p. 158-159 ; *Révélation*, IV, p. 277.

Atticus, le maître d'Harpocration[1], identifie d'emblée le

(Fr. 10) 1. Adjectifs (ou adverbes) constamment associés depuis *Timée* 30 a 4 ; cf. fr. 23. Festugière (p. 208, n. 3) cite à ce propos Plu-

INCERTORUM OPERUM FRAGMENTA

E tractatu de anima?

Fr. 10

(Iamblichus, Περὶ ψυχῆς, ap. Stob., *Anth.*, I, 49, 37 ; p. 374, 21-375, 5 Wachsmuth)

Ἤδη τοίνυν καὶ ἐν αὐτοῖς τοῖς Πλατωνικοῖς πολλοὶ διαστασιάζουσιν, οἱ μὲν... οἱ δ'... ὥσπερ Νουμήνιος (fr. 43) · οἱ δ' ἐκ μαχομένων αὐτὰ συναρμόζοντες, ὥσπερ οἱ περὶ Ἀττικὸν καὶ Πλούταρχον. Καὶ οὗτοι μὲν προϋποκειμένων τῶν ἀτάκτων καὶ πλημμελῶν κινημάτων ἐπεισιέναι φασὶν ὕστερα τὰ κατακοσμοῦντα αὐτὰ καὶ διατάττοντα καὶ τὴν συμφωνίαν ἀπ' ἀμφοτέρων οὕτως συνυφαίνουσι.

FP

Fr. 11

(Id., *ibid.*, I, 49, 40 ; p. 379, 25-380, 5 Wachsmuth)

Ἀττικῷ ⟨δὲ⟩ καὶ ⟨ἄλλοις τισὶ⟩ Πλατωνικοῖς οὐ συνδοκεῖ, καθ' ἕνα δὲ τρόπον συντεύξεως τὰς ὅλας ψυχὰς τοῖς σώμασι συνάγουσιν, ὡσαύτως ἀεὶ μὲν καὶ ἐπὶ πάσης ἐνσωματώσεως τῶν ψυχῶν προϋποτιθέντες τὴν ἄλογον καὶ πλημμελῆ καὶ ἔνυλον ψυχήν, ἐν αὐτῇ δὲ κατακοσμουμένῃ τὴν κοινωνίαν τῆς λογικῆς ἐπεισάγοντες.

FP
1 ⟨δὲ⟩ et ⟨ἄλλοις τισὶ⟩ Heeren.

E commentario in Timaeum?

Fr. 12

(Proclus, *In Timaeum*, I, 305, 6-16 Diehl)

Ἀττικὸς δέ, ὁ τούτου διδάσκαλος, αὐτόθεν τὸν δημιουργὸν

démiurge avec le Bien, quoique, chez Platon, le démiurge soit nommé 'bon', non 'le Bien', et qu'il soit appelé Intellect, tandis que le Bien est la cause de toute essence et au delà de l'être, comme nous l'avons appris dans la *République* (VI 509 b 9). D'autre part, qu'est-ce qu'Atticus pourrait dire aussi du Modèle? Ou bien, en effet, il est antérieur au démiurge et sera supérieur en dignité au Bien, ou il est dans le démiurge et alors le Premier sera plusieurs choses[2], ou il est postérieur au démiurge et en ce cas le Bien[3], ce qu'il n'est même pas permis de dire, se tournera[4] vers ce qui vient après lui et en prendra intellection.

Fr. 13

Id., « *Timée* », II, p. 226.

De même, en effet, dit Atticus, que le menuisier fait dans toutes ses œuvres de la menuiserie, mais qu'il les fait différentes selon un dessein différent, ici un escabeau, là un lit, de même aussi Dieu, en tant qu'il est bon, rend toutes choses semblables à lui-même[1], en les faisant bonnes ; mais selon les figures qui les individualisent il réalise leur essence à chacune d'après les causes exemplaires.

Fr. 14

Cf. la traduction d'A.-J. Festugière, *Proclus*, « *Timée* », V, p. 114.

A propos du très laborieux Atticus, j'ai découvert avec étonnement qu'il parlait quelque part du cratère « double », et cela contre sa coutume de se tenir de près au texte[1] ; pourtant, il mentionne aussi le double cratère dans son exégèse du *Phèdre*[2].

tarque, *Quaest. plat.*, 1003 a, et, en traduction, *De procr. an.*, 1014 b-c ; cf. la *Notice*, III. Ces quelques lignes de Jamblique seront longuement paraphrasées chez Proclus.

(Fr. 14) 1. *Timée* 41 d 4, Platon a « le cratère précédent », τὸν πρότερον κρατῆρα, celui où s'est fait le mélange de 35 a ; ensuite, il décrit un second mélange sans parler d'un nouveau cratère. [Mais Thémistius mentionne également un « second cratère » : *Or.* 6 (*Philadelphoi*), 78 a 1 ; t. I, p. 115, 9-10 Downey. (P. T.).]

εἰς ταὐτὸν ἄγει τἀγαθῷ, καίτοι ἀγαθὸς μὲν καλεῖται παρὰ τῷ Πλάτωνι, τἀγαθὸν δὲ οὔ, καὶ νοῦς προσαγορεύεται, τἀγαθὸν δὲ αἴτιον ἁπάσης οὐσίας καὶ ἐπέκεινα τοῦ ὄντος ἐστίν, ὡς ἐν Πολιτείᾳ μεμαθήκαμεν. Τί δ' ἂν εἴποι καὶ περὶ τοῦ παραδείγματος; ἢ γὰρ πρὸ τοῦ δημιουργοῦ ἐστι καὶ ἔσται τι τἀγαθοῦ πρεσβύτερον, ἢ ἐν τῷ δημιουργῷ καὶ ἔσται πολλὰ τὸ πρῶτον, ἢ μετὰ τὸν δημιουργὸν καὶ τἀγαθόν, ὃ μηδὲ θέμις εἰπεῖν, εἰς τὰ μετ' αὐτὸ ἐπιστραφήσεται κἀκεῖνα νοήσει.

CNP

6 ἔσται P : ἔστι CN.

Fr. 13

(Id., *ibid.*, I, 366, 9-13 Diehl)

Ὥσπερ γάρ, φησὶν Ἀττικός, ὁ τέκτων πάντα μὲν τεκτονικὰ ποιεῖ, ἄλλα δὲ κατ' ἄλλον λόγον, τὸ μὲν βάθρον, τὸ δὲ κλίνην, οὕτω καὶ ὁ θεός, ᾗ μὲν ἀγαθός, ἐξομοιοῖ πάντα ἑαυτῷ, ἀγαθὰ ἀποτελῶν, κατὰ δὲ τὰ εἴδη τὰ μερίζοντα τὰς ἑκάστων οὐσίας ποιεῖ πρὸς τὰς παραδειγματικὰς αἰτίας.

CMP

3 ᾗ vulg. : ἦν CM ὡς P.

Fr. 14

(Proclus, *In Timaeum*, III, 247, 12-15 Diehl)

Καὶ ἔγωγε καὶ τὸν φιλοπονώτατον Ἀττικὸν ἐθαύμασα διττόν που τὸν κρατῆρα λέγοντα εὑρών, καὶ ταῦτα εἰωθότα σφόδρα παρέπεσθαι ταῖς ῥήσεσι· μέμνηται δ' ὅμως ἐκεῖνος τοῦ διττοῦ κρατῆρος καὶ τὸν Φαῖδρον ἐξηγούμενος.

QD

Fr. 15

Traductions (revues) et commentaires : id., *ibid.*, V, p. 98-99 ; *Révélation*, III, p. 221, n. 4.

Les uns, n'admettant comme immortelle que l'âme raisonnable, font périr et la vie irrationnelle entière et le véhicule pneumatique de l'âme[1], puisqu'ils ne leur accordent l'existence qu'en fonction de l'inclination de l'âme vers le devenir et qu'ils ne maintiennent immortel que l'intellect en tant que lui seul demeure, ressemble aux dieux et ne périt pas. Telle est l'opinion des plus anciens, qui estiment se tenir à la lettre du texte, où Platon fait périr l'âme irrationnelle quand il la nomme « mortelle », je veux dire les Atticus, les Albinus et autres pareils[2].

Fr. 16

Traduction (revue) : A.-J. Festugière, *Proclus*, « *Timée* », I, p. 49.

Si ce n'est qu'Atticus signale correctement un point : il semble que ce personnage qui manque soit du nombre des étrangers compagnons de Timée[1].

Fr. 17

Id., *ibid.*, p. 139.

Le platonicien Atticus dit que, par malignité, Théopompe a falsifié l'histoire[1] : de son temps, en effet, certains seraient venus de Saïs pour renouveler leurs liens de parenté avec Athènes. Mais Platon s'est contenté de dire à leur sujet que les Saïtes étaient 'amis des Athéniens et en quelque manière leurs proches'[2]. Or il peut avoir dit cela parce que les deux villes avaient la même protectrice[3].

(Fr. 15) 1. Festugière, p. 98, n. 3, renvoie à *Révélation*, III, p. 237 et n. 1, où il citait E. R. Dodds, ap. *Proclus, The Elements of Theology*, Oxford, 1933 (²1963), p. 306.

Fr. 15

(Proclus, *In Timaeum*, III, 234, 9-18 Diehl)

Καὶ οἱ μὲν τὴν λογικὴν ψυχὴν μόνον ἀθάνατον ἀπολείποντες φθείρουσι τήν τε ἄλογον ζωὴν σύμπασαν καὶ τὸ πνευματικὸν ὄχημα τῆς ψυχῆς, κατὰ τὴν εἰς γένεσιν ῥοπὴν τῆς ψυχῆς τὴν ὑπόστασιν διδόντες αὐτοῖς μόνον τε τὸν νοῦν ἀθάνατον διατηροῦντες ὡς μόνον καὶ μένοντα καὶ ὁμοιούμενον τοῖς θεοῖς καὶ μὴ φθειρόμενον, ὥσπερ οἱ παλαιότεροι καὶ ἕπεσθαι τῇ λέξει κρίναντες δι' ἧς ὁ Πλάτων φθείρει τὴν ἄλογον, θνητὴν αὐτὴν καλῶν, τοὺς Ἀττικοὺς λέγω καὶ Ἀλβίνους καὶ τοιούτους τινάς.

QD

Fr. 16

(Proclus, *In Timaeum*, I, 20, 21-23 Diehl)

Πλὴν τοσοῦτον ὁ Ἀττικὸς ὀρθῶς ἐπισημαίνεται· ἔοικεν ὁ ἀπολειπόμενος οὗτος εἶναι τῶν μετὰ Τιμαίου ξένων.

MNP
2 μετὰ MN schol. Plat. : τοῦ P.

Fr. 17

(Id., *ibid.*, I, 97, 30-98, 6 Diehl)

Ἀττικὸς δ' ὁ Πλατωνικὸς διὰ βασκανίαν φησὶ μεταποιῆσαι τὴν ἱστορίαν τὸν Θεόπομπον· ἐπ' αὐτοῦ γὰρ ἀφικέσθαι τινὰς ἐκ τῆς Σάεως ἀνανεουμένους τὴν πρὸς Ἀθηναίους συγγένειαν. Ὁ δὲ Πλάτων τοσοῦτον μόνον εἶπε περὶ αὐτῶν ὅτι 'φιλαθήναιοί' τε οἱ Σαῖται 'καί τινα τρόπον οἰκεῖοι'. Δύναται δὲ τοῦτο λέγειν διὰ τὴν πολιοῦχον μίαν οὖσαν.

CITATIONES : 4-5 = *Tim.* 21 e 7.
CNP

Fr. 18

Traduction (revue) : A.-J. Festugière, *Proclus*, « *Timée* », II, p. 115.

Car[1] Platon ne dit pas, comme le veut Atticus, que le démiurge regarde toujours aussi toutes choses, mais que l'intelligible est toujours identique à lui-même ; à moins peut-être qu'Atticus n'ait compris « regarder toujours » pour éviter que, si le démiurge tantôt voit, tantôt ne voit pas, il ne donne occasion au non beau de s'infiltrer dans la création : aussi longtemps donc que le démiurge est créateur, qu'il fixe les yeux sur l'éternel, pour créer une œuvre qui ressemble à l'éternel et qui soit belle.

Fr. 19

Traduction (revue) et commentaire : id., *ibid.*, II, p. 121-122.

Telle étant donc la question, Plutarque, Atticus[1] et plusieurs autres des platoniciens ont entendu le venir à l'être au sens temporel et disent que la question est de savoir si le monde est temporellement inengendré ou engendré ; car il y a, d'après eux, avant la création du monde un mouvement désordonné ; or dès là qu'il y a mouvement, de toute façon il y a aussi temps, en sorte qu'il existe un temps même avant l'univers ; mais ce qui est né avec l'univers, c'est le temps qui est 'le nombre du mouvement de l'univers'[2], comme cet autre temps était le nombre du mouvement désordonné antérieur à la création du monde.

Fr. 20

Traduction (revue) et commentaire : id., *ibid.*, II, p. 131.

Cependant, mettons-nous encore à la poursuite des extraordinaires hypothèses d'Atticus, selon qui 'ce qui se meut sans mesure et sans ordre' est inengendré, tandis que le

Fr. 18

(Proclus, *In Timaeum*, I, 271, 31-272, 6 Diehl)

Οὐ γὰρ καὶ ἀεὶ βλέπειν φησὶ πάντα δημιουργόν, ὡς οἴεται Ἀττικός, ἀλλ' ἀεὶ ὡσαύτως ἔχειν τὸ νοητόν· εἰ μὴ ἄρα καὶ τὸ βλέπειν ἀεὶ διὰ τοῦτο παρέλαβεν, ἵνα μὴ τῷ ποτὲ μὲν ὁρᾶν, ποτὲ δὲ μή, παρείσδυσιν δῷ τῷ μὴ καλῷ πρὸς τὴν ποίησιν· ἐν ᾧ ἂν οὖν ᾖ δημιουργός, βλεπέτω πρὸς τὸ ἀΐδιον, ἵνα ποιήσῃ προσόμοιον αὐτῷ καὶ καλόν.

CMP
6 αὐτῷ C : αὐτὸ MP.

Fr. 19

(Proclus, *In Timaeum*, I, 276, 30-277, 7 Diehl)

Τοιαύτης δ' οὖν τῆς ζητήσεως οὔσης Πλούταρχος μὲν καὶ Ἀττικὸς καὶ ἄλλοι πολλοὶ τῶν Πλατωνικῶν κατὰ χρόνον τὴν γένεσιν ἤκουσαν καί φασι γίγνεσθαι τὴν ζήτησιν, εἴτε ἀγένητος κατὰ χρόνον ὁ κόσμος, εἴτε γενητός· εἶναι γὰρ πρὸ τῆς κοσμοποιΐας ἄτακτον κίνησιν, ἅμα δὲ κινήσει πάντως ἐστὶ καὶ χρόνος, ὥστε καὶ χρόνον εἶναι πρὸ τοῦ παντός· ἅμα δὲ τῷ παντὶ γεγονέναι χρόνον, ἀριθμὸν ὄντα τῆς τοῦ παντὸς κινήσεως, ὡς ἐκεῖνος ἦν τῆς πρὸ τῆς κοσμοποιΐας οὔσης ἀτάκτου κινήσεως ἀριθμός.

CITATIONES : 6-7 Tim. 38 a 7 et b 6.
CMP

Fr. 20

(Id., *ibid.*, I, 283, 27-30 Diehl)

Ἔτι δὲ καὶ ἐπακολουθήσωμεν τοῖς Ἀττικοῦ θαυμασταῖς ὑποθέσεσιν, ὅς φησι τὸ μὲν 'πλημμελῶς καὶ ἀτάκτως κινούμενον' εἶναι

CITATIONES : 2 = Tim. 30 a 4.

monde est engendré à un moment du temps, et disons là-dessus que cette expression « il est né » a été correctement appliquée au monde.

Fr. 21

Id., *ibid.*, II, p. 131-132.

Peu après le fragment précédent, la p. 284 de Proclus et le début de la p. 285 mentionnent deux fois Atticus.

« Si ce n'est pas vrai de 'tout', le raisonnement, dans la forme que lui donne Atticus, est invalide et nullement conclusif (I, 284, 5-6 D.; II, p. 131 bas F.); le raisonnement valide repose sur le principe : tout sensible est devenu à un moment du temps » (cf. *Timée*, 31 b 5-6 : ὁρατὸν ἁπτὸν δὲ δεῖ τὸ γενόμενον).

L'argumentation se termine ainsi (I, 285, 6-7 D.; II, p. 132 bas F.) : « Mais en voilà assez pour répondre à Atticus[1]. »

Fr. 22

Id., *ibid.*, II, p. 184-185.

Par là même il apparaîtra comment on ne doit pas, comme l'ont pensé Atticus et Plutarque, dire inengendré l'inordonné antérieur au monde; si en effet, avant que le ciel eût été créé, il n'y avait rien eu d'engendré, il serait ridicule de chercher si le monde a été créé d'après un être qui est toujours ou d'après un être engendré. Or c'est là pourtant ce que Platon recherche maintenant. Il existait donc, dès avant le monde, quelque chose d'engendré[1].

Fr. 23

Id., *ibid.*, II, p. 244.

Plutarque de Chéronée et Atticus se cramponnent avec ténacité à ces mots (« sans mesure, sans ordre »), dans la pensée qu'ils témoignent en faveur de leur thèse de la création du monde à un moment du temps; bien plus, ils disent qu'il existait avant la création non seulement la matière inordonnée mais encore l'âme malfaisante qui meut ce chaos; d'où en effet lui viendrait le mouvement, sinon d'une âme? Et si ce mouvement est désordonné, il vient d'une âme

ἀγένητον, τὸν δὲ κόσμον ἀπὸ χρόνου γενητόν, καὶ φῶμεν περὶ αὐτοῦ τοῦτο δὴ τὸ γέγονε ⟨εἰρῆσθαι⟩ καλῶς.

CMP
4 ⟨ ⟩ Kroll.

Fr. 21

(Proclus, *In Timaeum*, I, 284, 5-6 et 285, 6-7 Diehl)

Εἰ δὲ οὐ πᾶν, ἀσυλλόγιστος ὁ λόγος κατὰ τὸν Ἀττικὸν καὶ οὐδενὸς περαντικός...

Πρὸς μὲν οὖν Ἀττικὸν τοσαῦτα.

CMP

Fr. 22

(Id., *ibid.*, I, 325, 30-326, 5 Diehl)

... ᾧ καὶ δῆλον ἔσται τὸ πρὸ τοῦ κόσμου πλημμελὲς ὅπως οὐ δεῖ λέγειν, ὡς Ἀττικὸς καὶ Πλούταρχος ᾠήθησαν, ἀγένητον· εἰ γὰρ μηδὲν ἦν πρὶν οὐρανὸς γένηται γενητόν, γελοῖον ἦν ζητεῖν εἰ πρὸς ἀεὶ ὂν ἢ γενητὸν ὁ κόσμος γεγένηται. Ἀλλὰ μὴν τοῦτο ζητεῖ νῦν. Ἦν ἄρα καὶ πρὸ τοῦ κόσμου τι γενητόν.

CMP

Fr. 23

(Proclus, *In Timaeum*, I, 381, 26-382, 12 Diehl)

Οἱ μὲν οὖν περὶ Πλούταρχον τὸν Χαιρωνέα καὶ Ἀττικὸν λιπαρῶς ἀντέχονται τούτων τῶν ῥημάτων ὡς τὴν ἀπὸ χρόνου τῷ κόσμῳ γένεσιν αὐτοῖς μαρτυρούντων καὶ δὴ καί φασι προεῖναι μὲν τὴν ἀκόσμητον ὕλην πρὸ τῆς γενέσεως, προεῖναι δὲ καὶ τὴν κακεργέτιν ψυχὴν τὴν τοῦτο κινοῦσαν τὸ πλημμελές· πόθεν γὰρ ἡ κίνησις ἦν ἢ ἀπὸ ψυχῆς; εἰ δ' ἄτακτος ἡ κίνησις, ἀπὸ

désordonnée. En tout cas il est dit dans les *Lois* (X 897 b 2-4) 'que l'âme bonne guide dans la voie correcte et raisonnable, tandis que l'âme malfaisante se meut en désordre et conduit de façon irrégulière ce qu'elle gouverne ; mais qu'une fois survenue l'action créatrice du démiurge, la matière se change en système du monde ordonné, tandis que l'âme malfaisante, ayant eu part à l'intellect, devient sage et se meut d'un mouvement ordonné ; car ce qui amène à l'ordre, c'est pour la matière la participation à l'Idée, pour l'âme la présence de l'intellect'[1].

Fr. 24

Traduction (reproduite) et commentaire : id., *ibid.*, II, p. 246.

Touchant la matière elle-même, on peut se demander si elle est non créée par une cause, comme le disent Plutarque et Atticus, ou si elle est créée, et, en ce cas, par quelle cause[1].

Fr. 25

Traduction (revue) et commentaire : id., *République*, II, p. 114, n. 2.

Harpocration et Atticus, qui comprennent que dans le *Timée* (28 b 7) le monde est dit par Platon engendré selon le temps, voient Aristote, dans le *Traité du ciel*[1], censurer le divin Platon parce que, tout en disant le monde engendré selon le temps — c'est ainsi qu'Aristote l'interprète — il le dit néanmoins impérissable. Sur quoi ils pensent trouver une défense contre Aristote en disant que, sans doute, par sa nature, le monde est périssable, mais qu'il reste impérissable de par le vouloir de Dieu. Or le philosophe (Proclus) leur répond très joliment : « Si vous dites que le monde, bien que périssable autant qu'il dépend de sa nature, a été créé impérissable, que ne dites-vous aussi que, bien qu'il soit engendré et ait été créé dans le temps, il est inengendré de par le vouloir du démiurge? » Or il faut savoir que le divin Platon prend le mot 'engendré' selon le rapport cau-

ἀτάκτου ψυχῆς· εἴρηται γοῦν ἐν Νόμοις τὴν μὲν ἀγαθοειδῆ ψυχὴν ὀρθὰ καὶ ἔμφρονα παιδαγωγεῖν, τὴν δὲ κακεργέτιν ἀτάκτως τε κινεῖσθαι καὶ τὸ ὑπ' αὐτῆς διοικούμενον πλημμελῶς ἄγειν· ἐπιγενομένης δὲ τῆς ἀπὸ τοῦ δημιουργοῦ κοσμοποιΐας τὴν μὲν ὕλην μεθίστασθαι πρὸς τὴν τοῦ κόσμου σύστασιν, τὴν δὲ κακεργέτιν νοῦ μετασχοῦσαν ἔμφρονα ἀποτελεῖσθαι καὶ τεταγμένην ποιεῖσθαι κίνησιν· ἄγει γὰρ εἰς τάξιν τὴν μὲν ἡ τοῦ εἴδους μετουσία, τὴν δ' ἡ τοῦ νοῦ παρουσία.

CMP

12 κακεργέτιν ⟨ψυχὴν⟩ Diehl.

Fr. 24

(Id., *ibid.*, I, 384, 2-5 Diehl)

Περὶ δὲ τῆς ὕλης αὐτῆς ζητήσειεν ἄν τις εἴτε ἀγένητός ἐστιν ἀπ' αἰτίας, ὥς φασιν οἱ περὶ Πλούταρχον καὶ Ἀττικόν, εἴτε γενητή, καὶ ἐκ ποίας αἰτίας.

CMP

Fr. 25

(Id., *In rem publicam*, II, p. 377, 15-378, 6 Kroll)

... Ὁ Ἁρποκρατίων καὶ ὁ Ἀττικός, οἱ τὸ γενητὸν λέγεσθαι τὸν κόσμον ἐν Τιμαίῳ ὑπὸ τοῦ Πλάτωνος κατὰ χρόνον ἀκούοντες, ἐπειδὴ ὁ Ἀριστοτέλης ἐγκαλεῖ τῷ θείῳ Πλάτωνι ἐν τῇ περὶ οὐρανοῦ, διότι λέγων κατὰ χρόνον τὸν κόσμον γενητόν, ὡς ἐκεῖνος οἴεται, λέγει αὐτὸν ἄφθαρτον εἶναι, ἀπολογίαν οἴονται εὑρίσκειν πρὸς αὐτὸν λέγοντες ὅτι φθαρτὸς μέν ἐστι διὰ τὴν ἑαυτοῦ φύσιν, ἄφθαρτος δὲ διαμένει διὰ τὴν τοῦ θεοῦ βούλησιν. Πάνυ δὲ καλῶς ὁ φιλόσοφος εἶπεν πρὸς αὐτοὺς ὅτι εἰ λέγετε φθαρτὸν αὐτὸν ὄντα ὅσον ἐπὶ τῇ ἑαυτοῦ φύσει ἄφθαρτον γεγονέναι, διὰ τί μὴ λέγετε ὅτι καὶ γενητὸν αὐτὸν ὄντα καὶ γενόμενον ἐν χρόνῳ εἶναι ἀγένητον διὰ τὴν τοῦ δημιουργοῦ βούλησιν; εἰδέναι δὲ χρὴ ὅτι ὁ θεῖος Πλάτων τὸ γενητὸν κατ' αἰτίαν λαμβάνει καὶ οὐ κατὰ χρόνον...

sal et non selon le temps... Si donc ils répliquent correctement à Aristote, ils diront que, puisque Platon dit le monde engendré selon le rapport causal et non selon le temps, il a raison de dire qu'il n'est pas périssable.

Fr. 26

Id., *Timée*, II, p. 258.

Voyons donc aussi les pensées saintes[1] que le philosophe Porphyre a livrées sur ce sujet, et résumons-les brièvement. Tout d'abord il invective Atticus, qui suppose plusieurs principes mutuellement liés, ⟨la matière⟩, le démiurge, les Idées ; qui prétend aussi que la matière, mue par une âme incréée, irrationnelle et malfaisante, est emportée çà et là 'sans ordre et sans règle' ; et qui fait exister chronologiquement la matière avant le sensible, l'irrationalité avant la raison, le désordre avant l'ordre[2].

Fr. 27

Id., *ibid.*, p. 260.

Sur ce, faisant volte-face, (Atticus)[1] déclare que Dieu existe même sans faire acte de créer : il ne se rend pas compte non plus que les vraies puissances agissent par leur seule existence.

(Fr. 26) 1. Ἱεροπρεπῆ « toutes convenables à la sainteté du sujet », peut-être parce que Porphyre s'inspire des *Oracles chaldaïques* (Festugière) ; cf. l'épithète chaldaïque πατρογενής (fr. 25, 3 ; 49, 1), « issu du Père », dont Lydus (*De mensibus*, IV, 159 ; p. 175, 9 Wünsch, d'après Porphyre) dit que « le Chaldéen » l'applique à la matière.

2. A la réfutation que Proclus prête à Porphyre et qui remplit les p. 391-392 Diehl, il est possible que se mêlent des précisions d'Atticus ; ainsi (391, 19) φθαρτικόν, appliqué à la matière, pourrait venir de lui ; cf. Festugière, p. 259, n. 1. W. Theiler retrouve ici sa « tétrade » (Viererschema) : Démiurge (identifié au Premier Dieu : 394, 8 ; fr. 28, l. 7), Idées, mauvaise Âme du monde, matière (*Forschungen zum Neuplatonismus*, p. 110) ; cf. fr. 28, n. 4.

(Fr. 27) 1. Le sujet de λέγουσιν est évidemment οἱ περὶ Ἀττικόν, à tirer de 391, 7 D. (cf. le fragment précédent). De même pour παραλαμβάνουσιν au début du texte suivant.

Καὶ ὀρθῶς ἀπαντῶντες πρὸς τὸν Ἀριστοτέλη ταῦτα ἐροῦσιν, ὅτι ἐπειδὴ κατ' αἰτίαν αὐτὸν λέγει γενητὸν καὶ οὐ κατὰ χρόνον, εἰκότως οὐ λέγει αὐτὸν φθαρτὸν εἶναι.

Scholium codicis Vaticani 2197, f. 34r, ad Kroll, II, p. 10, 6.

Fr. 26

(Id., *In Timaeum*, I, p. 391, 4-12 Diehl)

Φέρε δὴ οὖν καὶ ὅσα ὁ φιλόσοφος Πορφύριος ἐν τούτοις ἱεροπρεπῆ νοήματα παραδέδωκε συντόμως περιλάβωμεν. Πρῶτον μὲν οὖν ἀποτείνεται πρὸς τοὺς περὶ Ἀττικὸν πολλὰς ὑποτιθεμένους ἀρχὰς συναπτούσας ἀλλήλαις, ⟨τὴν ὕλην καὶ⟩ τὸν δημιουργὸν καὶ τὰς ἰδέας, οἳ καὶ τὴν ὕλην ὑπὸ ἀγενήτου φασὶ κινουμένην ψυχῆς, ἀλόγου δὲ καὶ κακεργέτιδος, 'πλημμελῶς καὶ ἀτάκτως' φέρεσθαι, ⟨καὶ⟩ προϋφιστᾶσι κατὰ χρόνον τὴν μὲν ὕλην τοῦ αἰσθητοῦ, τὴν δὲ ἀλογίαν τοῦ λόγου, τὴν δὲ ἀταξίαν τῆς τάξεως.

CITATIONES : 6 = Tim. 30 a 4.

CMP

4 ἀλλήλαις CMP (Festugière) : ἀλλήλοις vulg. ‖ ⟨τὴν ὕλην καὶ⟩ Festugière ‖ 5 ὑπὸ CM : ἀπὸ P ‖ 6 pr. καὶ vulg. : om. CMP ‖ 7 ⟨καὶ⟩ Schneider.

Fr. 27

(Id., *ibid.*, I, p. 393, 1-3 Diehl)

Αὖθις δὲ μεταβαλλόμενοι λέγουσιν εἶναι καὶ ἄνευ τοῦ δημιουργεῖν τὸν θεόν, οὐδὲ τοῦτο εἰδότες, ὅτι αἱ ἀληθεῖς δυνάμεις αὐτῷ τῷ εἶναι ἐνεργοῦσι.

CMPN

2 οὐδὲ N : εἰ δὲ CMP.

Fr. 28

Id., *ibid.*, II, p. 261-263.

Le troisième point, c'est que le créateur qu'(Atticus) assume comme principe ne correspond pas non plus à la pensée de Platon. (Selon Platon,) en effet, ni les Idées n'existent par elles-mêmes séparées de l'intellect, mais l'intellect, une fois retourné vers soi-même[1], voit (en lui-même) toutes les formes[2]; c'est pourquoi l'étranger d'Athènes (*Lois*, X, 898 b 2) a comparé à la révolution d'une « sphère faite au tour » l'activité de l'intellect ; Atticus, lui, avec sa doctrine d'Idées subsistant par elles-mêmes et en dehors de l'intellect, les met en scène comme inertes, semblables aux statuettes des coroplathes[3]. — Ni le démiurge n'est le Dieu tout premier[4]; car celui-ci est supérieur à toute l'essence intellective. Ni il n'existe une âme irraisonnable qui meuve la masse emportée çà et là de façon irrégulière et désordonnée ; car toute âme est un rejeton des dieux. Ni, enfin, l'univers ne devient ordonné à partir d'un désordre.

Fr. 29

Id., *ibid.*, III, p. 136.

« Qui doit être à un certain moment », d'autre part, ne désigne pas le commencement dans le temps, comme le pense Atticus, mais le fait que (le monde) a son être attelé au temps[1]... Ainsi cet « à un certain moment » n'est pas une partie du temps.

Fr. 30

Id., *ibid.*, III, p. 153.

Les termes 'plus ancien' et 'plus jeune' ne doivent pas être pris selon le temps, comme l'a entendu Atticus..., mais quant au rang dans la hiérarchie de l'être ; est plus ancien,

(Fr. 28) 3. Cf. (avec Festugière) I, 325, 25 D. : « Il n'en va pas de l'Exemplaire comme du modèle du coroplathe », et *Théétète*, 147 b 1.

Fr. 28

(Id., *ibid.*, I, p. 393, 31-394, 12 Diehl)

Τρίτον τοίνυν, ὅτι οὐδ' ὁ ποιητὴς ὃν παραλαμβάνουσιν ἀρχὴν προσήκει τῷ Πλάτωνι. Οὔτε γὰρ αἱ ἰδέαι κεχωρισμέναι τοῦ νοῦ καθ' αὑτὰς ὑφεστήκασιν, ἀλλ' ὁ νοῦς εἰς ἑαυτὸν ἐπεστραμμένος ὁρᾷ τὰ εἴδη πάντα · διὸ ὁ 'Αθηναῖος ξένος 'σφαίρας ἐντόρνου' περιφορᾷ τοῦ νοῦ τὴν ἐνέργειαν ἀπείκασεν · οἱ δ' ἀδρανεῖς τὰς ἰδέας τύποις κοροπλαθικοῖς ἐοικυίας ἐφ' ἑαυτῶν οὔσας καὶ ἔξω τοῦ νοῦ κειμένας εἰσάγουσιν. Οὔτε ὁ δημιουργὸς ὁ πρώτιστός ἐστι θεός · κρείττων γὰρ ἐκεῖνος ἁπάσης τῆς νοερᾶς οὐσίας. Οὔτε ψυχή τις ἄλογος κινεῖ τὸ 'πλημμελῶς καὶ ἀτάκτως' φερόμενον · πᾶσα γὰρ ψυχὴ γέννημά ἐστι τῶν θεῶν. Οὔθ' ὅλως ἐξ ἀτάκτου τεταγμένον γίνεται τὸ πᾶν.

CITATIONES : 4 = Plato leg. X 898 b 2 ; 9 = Tim. 30 a 4 ; 10 cf. Tim. 24 d 6.

MPN

9-10 φερόμενον MP : κινούμενον N.

Fr. 29

(Id., *ibid.*, II, p. 100, 1-3 et 6 Diehl)

Τὸ δ' αὖ ποτ' ἐσόμενον οὐ τῆς κατὰ χρόνον ἐστὶν ἀρχῆς σημαντικόν, ὡς οἴεται 'Αττικός, ἀλλ' ὅτι τὴν οὐσίαν ἔχει τῷ χρόνῳ συνεζευγμένην... Ἔστιν οὖν τὸ ποτὲ τοῦτο οὐ χρόνου μόριον.

MPQ

2 ὡς... 'Αττικός om. P.

Fr. 30

(Id., *ibid.*, II, p. 114, 33-115, 5 Diehl)

... Τὸ πρεσβύτερον καὶ τὸ νεώτερον οὐ κατὰ χρόνον ληπτέον, ὡς ὑπέλαβεν 'Αττικός, ... ἀλλὰ τῇ τάξει τῆς οὐσίας · τὸ γὰρ

en effet, ce qui est plus attaché au démiurge, plus jeune ce qui en est plus éloigné[1].

Fr. 31

Id., *ibid.*, IV, p. 56-57.

Et s'il n'y avait pas de mouvement, il n'y avait pas non plus de mouvement irrégulier. Vaine est donc la thèse d'Atticus, que le temps existait même avant la création du ciel, mais qu'il n'y avait pas de temps ordonné ; car là où il y a temps, il y a aussi le passé et le futur, et là où ces deux existent, il y a l''était' et le 'sera'. Or l''était' et le 'sera' sont des formes du temps créées par le démiurge ; c'est pourquoi aussi Platon les a dénommées 'choses créées'. Il n'y avait donc[1] pas de temps avant la création.

Fr. 32

Id., *ibid.*, V, p. 72.

Voyons, si (les œuvres) sont par elles-mêmes dissolubles, mais en vertu de la volonté du Père indissolubles, comme ont coutume de le dire Sévère[1], Atticus, Plutarque..., d'où tiennent-elles ce fait d'être dissolubles par elles-mêmes[2]?

Fr. 33

Id., *ibid.*, II, p. 302.

Ces mots 'chacun à part' et 'par groupes'[1], certains, comme Atticus, ont dit qu'ils opposent les espèces individuelles aux genres communs ; et ils appellent 'espèces individuelles' les causes immédiates des individus, par exemple l'Homme-en-soi, le Cheval-en-soi, chacune des es-

(Fr. 30) 1. [Sur πρεσβύτερος, cf. ma note in *R. É. G.*, 77, 1964, p. 365, à propos de « Julien empereur, *Discours*, II. 1 », ad 162 a 6-7 (P. T.).]

(Fr. 32) 1. Ce platonicien de la seconde moitié du IIe siècle p. C. avait écrit un *Traité de l'âme* dont Eusèbe (*P. E.*, XIII 17) nous a conservé l'unique fragment.

(Fr. 33) 1. *Timée*, 30 c 7-8.

τῷ δημιουργῷ προσεχέστερον πρεσβύτερον, τὸ δὲ πορρωτέρω νεώτερον.

PQ

Fr. 31

(Id., *ibid.*, III, p. 37, 11-18 Diehl)

Εἰ δὲ κίνησις οὐκ ἦν, οὐδὲ πλημμελὴς κίνησις. Μάτην ἄρα λέγουσιν οἱ περὶ Ἀττικὸν ὅτι χρόνος μὲν ἦν καὶ πρὸ οὐρανοῦ γενέσεως, τεταγμένος δὲ χρόνος οὐκ ἦν · ὅπου γὰρ χρόνος, ἐκεῖ καὶ τὸ παρελθόν ἐστι καὶ τὸ μέλλον, ὅπου δὲ ταῦτα, ἐκεῖ καὶ τὸ 'ἦν' καὶ τὸ 'ἔσται' πάντως. Ἀλλὰ μὴν τὸ 'ἦν' καὶ τὸ 'ἔσται' χρόνου ἐστὶν εἴδη γεγονότα παρὰ τοῦ δημιουργοῦ · διὸ καὶ γεγονότα αὐτὰ προσεῖπεν. Οὐδ' ἄρα χρόνος τις ἦν πρὸ τῆς δημιουργίας.

QD

Fr. 32

(Id., *ibid.*, III, p. 212, 6-11 Diehl)

Φέρε γάρ, εἰ παρ' ἑαυτῶν μὲν λυτά ἐστι, κατὰ δὲ τὴν βούλησιν ἄλυτα τοῦ πατρός, ὥσπερ εἰώθασι λέγειν Σευῆρος Ἀττικὸς Πλούταρχος..., πόθεν ἔχει τοῦτο τὸ παρ' ἑαυτῶν λυτόν ;

QD

Fr. 33

(Id., *ibid.*, I, 425, 11-16 Diehl)

Τὸ καθ' ἓν τοῦτο καὶ τὸ κατὰ γένη τινὲς μὲν εἰρήκασιν ἀντιδιαιρεῖν τὰ ἄτομα εἴδη πρὸς τὰ κοινότερα, ὥσπερ Ἀττικός · καλοῦσι δ' ἄτομα εἴδη τὰ προσεχῆ τῶν ἀτόμων αἴτια, τὸν αὐτοάνθρωπον, εἰ τύχοι, τὸν αὐτοΐππον, ἕκαστον τῶν τοιούτων εἰδῶν,

pèces de même sorte ; 'genres', les modèles plus universels et plus compréhensifs que ces espèces.

Fr. 34

Id., *ibid.*, p. 309.

Atticus s'est demandé, à propos de ce texte[1], si le démiurge lui-même est embrassé par le Vivant intelligible. Il semble en effet que, si le démiurge est embrassé, il ne soit pas parfait ; car, dit-il, les vivants partiels sont imparfaits, et pour cette raison ceux qui leur ressemblent ne sont pas beaux ; que si en revanche il n'est pas embrassé, le Vivant-en-soi ne soit pas plus compréhensif que la totalité des intelligibles[2]. Dans ce doute, il a admis avec légèreté que le démiurge est au-dessus du Vivant-en-soi[3].

Fr. 35

Id., *ibid.*, III, p. 196 ; cf. *Révélation*, III, p. 221, n. 4.

D'autres[1], considérant (l'être de l'âme) comme physique, nomment essence divisible l'âme irrationnelle qui préexiste à l'âme raisonnable, essence indivisible l'âme divine, et de ces deux ils font l'âme raisonnable[2] ; l'une étant l'ordonnatrice, l'autre le substrat ; ainsi Plutarque et Atticus ; et ils disent que l'âme est inengendrée selon le substrat, engendrée selon la forme[3].

Fr. 36

Id., *ibid.*, III, p. 351.

Ce mot « discours[1] », Atticus l'a entendu de la faculté d'attention (de l'âme) ; Porphyre, du cocher qui excite les

(Fr. 34) 1. *Timée*, 30 d 2-31 a 1.

2. Comme à la fin du fr. 33 (I, 425, 15 D.), le comparatif paraît construit ici avec le génitif de différence.

3. « Ceci se rattache au problème de savoir si, pour Atticus, les Idées sont indépendantes de Dieu » (comme il ressort du fr. 28 ; voir la n. 2, p. 89), « ou pensées de Dieu » (A.-J. Festugière, p. 309,

γένη δὲ τὰ ὁλικώτερα τούτων καὶ περιληπτικώτερα παραδείγματα.

CMP

Fr. 34

(Id., *ibid.*, I, 431, 14-20 Diehl)

Ὁ μὲν Ἀττικὸς ἐν τούτοις ἠπόρησεν, εἰ καὶ ὁ δημιουργὸς ὑπὸ τοῦ νοητοῦ ζῴου περιέχεται· δοκεῖ γάρ, εἰ μὲν περιέχοιτο, μὴ εἶναι τέλειος· τὰ γὰρ μερικὰ ζῷα, φησίν, ἀτελῆ, καὶ διὰ τοῦτο τὰ παραπλήσια αὐτοῖς οὐ καλά· εἰ δὲ μὴ περιέχοιτο, οὐ πάντων τῶν νοητῶν εἶναι τὸ αὐτοζῷον περιληπτικώτερον, καὶ ἀπορήσας ἔθετο ῥᾳδίως ὑπὲρ τὸ αὐτοζῷον εἶναι τὸν δημιουργόν.

CMP(N)

Fr. 35

(Id., *ibid.*, II, 153, 25-154, 1 Diehl)

Οἱ δ' ὡς φυσικὴν θεωροῦντες (sc. τὴν οὐσίαν τῆς ψυχῆς) μεριστὴν μὲν οὐσίαν λέγουσι τὴν ἄλογον προοῦσαν τῆς λογικῆς, ἀμέριστον δὲ τὴν θείαν, καὶ ἐκ τῶν δύο ποιοῦσι τὴν λογικήν, τῆς μὲν ὡς κοσμούσης, τῆς δ' ὡς ὑποκειμένης, καθάπερ Πλούταρχος καὶ Ἀττικός, καί φασιν ἀγένητον μὲν κατὰ τὸ ὑποκείμενον αὐτὴν εἶναι, γενητὴν δὲ κατὰ τὸ εἶδος.

MPQ

Fr. 36

(Id., *ibid.*, II, 306, 1-6 Diehl)

Τὸν λόγον τοῦτον ὁ μὲν Ἀττικὸς ἐπὶ τῆς προσεκτικῆς δυνάμεως ἤκουσεν, ὁ δὲ Πορφύριος ἐπὶ τοῦ ἡνιόχου τοῦ κινοῦντος

deux chevaux[2]; Jamblique, de l'âme entière : c'est elle en effet qui se meut tout entière elle-même et qui, par tout elle-même, 'dit' ce qui est. Toutes ces exégèses paraissent saisir la pensée de Platon...

Fr. 37

(Énée de Gaza, *Théophraste*, p. 53 Boissonade.)

Le fécond[1] Atticus, l'amant de Platon, expose les opinions de son aimé et dit quelque part qu'il étudie la nature et l'ordre du monde ; que celui-ci, étant ce qu'il est, n'est pas inengendré ni éternel, mais a été fait par quelqu'un de plus puissant et de plus parfait, Dieu premier et intelligible ; étant en effet 'visible, tangible', entièrement corporel[2], il ne pouvait être inengendré. Car ce dont[3] l'essence a besoin du secours d'un autre pour exister, comment ne pas reconnaître que cela a été créé et est conservé par son auteur? Il va jusqu'à traiter Aristote de ridicule, si, reconnaissant que ce Tout est visible, tangible, corporel, il s'obstine à le faire inengendré et impérissable.

Fr. 38 a

Philopon, *De l'éternité du monde*, VI 27.

Je passerai sous silence les Plutarque et les Atticus, dont tous conviennent que pour eux, sans conteste, Platon croit le monde créé à un moment du temps et qu'ils s'opposent aux tenants de l'opinion adverse[1]; déjà ceux qui ont été les maîtres de notre doctrine[2] en ont donné de longs extraits dans leurs propres écrits ; l'un d'eux est Eusèbe, qui a régi l'église de Césarée[3].

n. 1, qui renvoie également au fr. 12, dissertation sur le démiurge et critique).

(Fr. 36) 2. *Phèdre*, 247 a 7 sv.

(Fr. 37) 1. « Fecondo » (Colonna, p. 99) ; mais le commentaire (p. 130) suggère le sens de « clarus, a multis celebratus », bien attesté à l'époque.

2. *Timée*, 31 b 5-6 ; cf. fr. 21.

τοὺς διττοὺς ἵππους, ὁ δὲ Ἰάμβλιχος ἐπὶ τῆς ὅλης ψυχῆς· αὕτη γὰρ ἑαυτὴν πᾶσαν κινεῖ καὶ δι' ὅλης ἑαυτῆς λόγος ἐστὶ τῶν ὄντων. Καὶ δοκοῦσι μὲν αἱ ἐξηγήσεις πᾶσαι καταδράττεσθαι τῆς τοῦ Πλάτωνος διανοίας...

QD

Fr. 37

(Aeneus Gazaeus, *Theophrastus* ; *P. G.*, 85, c. 964 a-b ; p. 53 Boissonade ; p. 46, l. 16-23 M.-E. Colonna)

Ὁ δὲ πολὺς Ἀττικός, ὁ τοῦ Πλάτωνος ἐραστής, τὰ τῷ ἐρωμένῳ δοκοῦντα διεξιών, ἔφη που τοῦ κόσμου τὴν φύσιν καὶ τάξιν ἐπιζητεῖν, τοιοῦτον δ' αὐτὸν ὄντα οὐκ ἀγέννητον οὐδ' ἀΐδιον εἶναι, ἀλλ' ὑπὸ τοῦ μείζονος τὴν δύναμιν καὶ τελειοτέρου, θεοῦ τοῦ πρεσβυτάτου καὶ νοητοῦ, γεγονέναι· 'ὁρατὸν γὰρ ὄντα καὶ ἁπτὸν' καὶ πάντη σωματοειδῆ, ἀμήχανον ἦν ἀγένητον εἶναι. Ὧν γὰρ ἡ οὐσία βοηθείας δεῖται τῆς παρ' ἑτέρου πρὸς τὸ εἶναι, πῶς ταῦτα μὴ ὁμολογοῦμεν γεγονέναι τε καὶ ὑπὸ τοῦ ποιήσαντος διασῴζεσθαι; τὸν δ' Ἀριστοτέλην καὶ γελοῖον ἀποκαλεῖ, ὁμολογοῦντα μὲν τόδε τὸ πᾶν ὁρατὸν εἶναι καὶ ἁπτὸν καὶ σωματοειδές, ἀγένητον δὲ καὶ ἄφθαρτον εἶναι φιλονικοῦντα.

CITATIONES : 5-6 Tim. 31 b 5.

Fr. 38 a

(Ioh. Philoponus, *De aeternitate mundi*, VI, 27, p. 211, 10-18 Rabe)

Τοὺς μὲν οὖν ἀμφὶ Πλούταρχον παρήσω καὶ Ἀττικὸν ὡμολογημένους παρὰ πᾶσιν ὄντας ὡς διαρρήδην ἀποφαίνονται γενητὸν εἶναι κατὰ χρόνον τὸν κόσμον οἴεσθαι Πλάτωνα καὶ πρὸς τοὺς τἀναντία δοξάζοντας ἀντικαθίστανται· ἤδη δὲ καὶ μακρὰς τούτων περικοπὰς οἱ τοῦ καθ' ἡμᾶς λόγου γενόμενοι διδάσκαλοι ἐν τοῖς οἰκείοις παρέθεντο συγγράμμασιν, ὧν ἐστιν καὶ ὁ τῆς Καισαρέων ἐκκλησίας ἡγησάμενος Εὐσέβιος.

Fr. 38 b

Id., *ibid.*, XIII 15.

Laissons donc de côté Atticus, Plutarque et tout autre pour qui Platon dit le monde créé à un moment du temps.

Fr. 39

Id., *ibid.*, XVIII.

Un Atticus ne devrait pas regarder seulement les textes du *Timée*, qui font le Dieu absent un temps puis présent là où il était absent[1], mais encore ceux du *Politique*, qui le font présent un temps puis absent là où il était présent[2]; de même que pour la première raison il fait succéder l'ordre au désordre, pour la seconde aussi il devrait, après l'ordre, mettre le désordre[3].

D'un commentaire sur les « Catégories »[1]?

Fr. 40

(Syrianus, Commentaire sur la *Métaphysique* d'Aristote, p. 892 b 31-34 Brandis-Usener, 1870; *C. A. G.* VI. 1, 105, 36-38 Kroll.)

Ni Plutarque, ni Atticus, ni Démocrite[2] — je parle des platoniciens — ne nous donnent envie de les imiter quand ils font des Idées les raisons universelles qui existent éternellement dans l'essence de l'âme[3].

Fr. 41

(Simplicius, Commentaire sur les *Catégories* d'Aristote.)

Une aporie de plus arrête Nicostrate à propos des homonymes, et Atticus a encore plus clairement exposé la question[1].

Fr. 38 b

(Id., *ibid.*, XIII 15, p. 519, 22-25 Rabe)

Ἀττικὸς μὲν οὖν καὶ Πλούταρχος ἐάσθων καὶ εἴ τις ἄλλος γενητὸν εἶναι κατὰ χρόνον τὸν κόσμον ὑπὸ Πλάτωνος λέγεσθαι ἀπεφήνατο.

Fr. 39

(Id., *ibid.*, XVIII, p. 606, 16-22 Rabe)

Οὐκ ἔδει τοὺς περὶ Ἀττικὸν εἰς τὰ ἐν Τιμαίῳ μόνα βλέπειν τὸν ἀπόντα ποτὲ παρόντα ποιοῦντα οὗ ἀπῆν, ἀλλὰ καὶ εἰς τὰ ἐν Πολιτικῷ τὸν παρόντα ποτὲ ἀπόντα ποιοῦντα ἐκείνου ᾧ παρῆν· καὶ ὡς δι' ἐκεῖνα τὴν τάξιν ἀπὸ τῆς ἀταξίας ποιοῦσιν, οὕτω διὰ ταῦτα καὶ μετὰ τὴν τάξιν ἀταξίαν ποιεῖν.

E commentario in *Categorias*?

Fr. 40

(Syrianus, *In Aristotelis metaphysica commentaria*; *C. A. G.*, VI. 1, p. 105, 36-38 Kroll)

... μηδὲ Πλούταρχον καὶ Ἀττικὸν καὶ Δημόκριτον τοὺς Πλατωνικοὺς κατ' αὐτὸ τοῦτο ζηλοῦμεν, ὅτι γε τοὺς καθόλου λόγους τοὺς ἐν οὐσίᾳ τῇ ψυχικῇ διαιωνίως ὑπάρχοντας ἡγοῦνται εἶναι τὰς ἰδέας.

Fr. 41

(Simplicius, *In Aristotelis categorias commentarium*; *C. A. G.*, VIII, p. 30, 16-17 Kalbfleisch)

Προσαπορεῖ δ' ὁ Νικόστρατος περὶ τῶν ὁμονύμων, καὶ ἔτι σαφέστερον Ἀττικὸς τὴν ἀπορίαν ἐξέθετο.

Fr. 42 a

(Id., *ibid.*)

Certains, parmi lesquels Atticus, ramènent, pour en faire un seul genre, le trope de la métaphore à celui de l'analogie, et font de l'un et de l'autre un seul trope d'homonymes.

Fr. 42 b

(Porphyre, Commentaire sur les *Catégories* d'Aristote.)

Bien des gens ont fait erreur, et parmi eux Atticus, qui a rangé dans un seul trope d'homonymes le trope de la métaphore et celui de l'analogie, et confondu celui de la métaphore avec celui de l'analogie[1].

Fr. 43

(Commentaire anonyme de l'*Éthique à Nicomaque*.)

On comptera parmi eux jadis Aristonyme et maintenant certains qui se prétendent platoniciens, dont paraît être aussi Atticus. Ils adoptent cette opinion[1] et déclarent inutile la justice; car la justice ne distribue ni ne redresse les biens attachés aux vertus, et il est inutile de rechercher ce qui est totalement indifférent.

Fr. 44

([Olympiodore] Damascius, Commentaire sur le *Phédon*).

Quels sont les interlocuteurs en présence[1]? Si ce sont les 'philosophes authentiques', comment subissent-ils les passions du vulgaire? Si ce sont les progressants, comment les appelle-t-on authentiques? Ceci, c'est ce que disent Onètor[2] et Atticus; cela, ce que disent Patérius[3] et Plutarque. D'après Proclus lui-même, le propos concerne les philosophes authentiques, mais on l'applique communément aux gens qui ont ces passions.

Fr. 42 a

(Id., *ibid.*, p. 32, 19-21)

Τινὲς δέ, ὧν καὶ Ἀττικός ἐστιν, τὸν κατὰ μεταφορὰν τρόπον εἰς ταὐτὸν ἄγοντες τῷ κατ' ἀναλογίαν, ἕνα τρόπον ὁμονύμων τὸν συναμφότερόν φασιν.

Fr. 42 b

(Porphyrius, *In Aristotelis categorias commentarium*; *C. A. G.*, IV. 1, p. 66, 34-67, 2 Busse)

Ἐσφάλησαν μὲν πολλοί, ὧν καὶ ὁ Ἀττικός, ἕνα τρόπον καταλέξας ὁμονύμων τὸν κατὰ μεταφορὰν καὶ κατ' ἀναλογίαν καὶ συγχέας τὸν κατὰ μεταφορὰν τῷ κατ' ἀναλογίαν.

Fr. 43

(Anonymus, *In Eth. Nic.* V 14, p. 1137 a 26; *C. A. G.*, XX, p. 248, 24-29 Heylbut)

Ὧν δὴ πρότερον μὲν Ἀριστώνυμος, νῦν δὲ καὶ Πλατωνικοί τινες εἶναι προσποιούμενοι, ὑποδυόμενοι δὲ τὴν δόξαν, ὧν εἶναι καὶ Ἀττικὸς δοκεῖ, οὗτοι δὴ καὶ παντάπασι τὴν δικαιοσύνην ἄχρηστον ἀποφαίνουσιν· οὔτε γὰρ τῶν κατὰ τὰς ἀρετὰς ἀγαθῶν ἡ δικαιοσύνη νεμητικὴ ἢ ἐπανορθωτική, τό τέ τινα ταῦτα ζητεῖν τῶν πάνυ ἀδιαφόρων ἄχρηστόν ἐστιν.

---

1 Ἀριστώνυμος] Ἀρίστων ὁ Χῖος? Praechter ‖ 2 δόξαν] στοάν cj. Usener ‖ 3 δὴ Usener : δὲ codd. Oxonienses.

Fr. 44

([Olympiodorus] ⟨Damascius⟩, *In Platonis Phaedonem commentaria*, p. 104, l. 18-23 Norvin)

Τίνες οἱ νῦν διαλεγόμενοι πρὸς ἀλλήλους; εἰ μὲν γὰρ οἱ γνήσιοι φιλόσοφοι, πῶς ὑπομένουσι τὰ τῶν πολλῶν πάθη; εἰ δ' οἱ προκόπτοντες, πῶς γνήσιοι καλοῦνται; τοῦτο μὲν οὖν φασιν Ὀνήτωρ καὶ Ἀττικός, ἐκεῖνο δὲ Πατέριος καὶ Πλούταρχος. Αὐτὸς δ' ὁ Πρόκλος τῶν μὲν γνησίων εἶναι τὸν λόγον, περὶ ἀνθρώπων δὲ κοινῶς λέγεσθαι τοιαῦτα πασχόντων.

CITATIONES : 1-2 Phaedo 66 b 2.

NOTES COMPLÉMENTAIRES

Fr. 1.

7. [Les trois séries d'exemples — 1° Thalès, Anaximandre, Anaxagore ; 2° Pittacos, Périandre, Solon, Lycurgue ; 3° Zénon d'Élée — correspondent aux trois parties de la philosophie : physique, éthique, logique ; avec un changement dans l'ordre, peut-être imposé par la chronologie des doxographies (P. T.).]

8. En *Phèdre*, 251 a 2, ἀρτιτελής équivaut au νεοτελής de 250 e 1 ; les deux mots feraient allusion aux Mystères (Gifford). Ὁλόκληρος pourrait venir aussi du *Phèdre* (250 c 1 et 3).

9. Viger supprimerait l'article (*contra* : Heinichen) et Mullach le placerait après δι' αὐτοῦ. Mais P. Boyancé (*R. É. L.*, 1971, p. 135, n. 2) traduit le texte des manuscrits : « la philosophie qui lui est due ». Dans la même note, il hésite sur le sens de ἐπὶ τῇ τέχνῃ τῶν λόγων à la fin du § 3 : « On peut s'interroger sur ceux qui ont la science des λόγοι : s'agit-il des dialecticiens éléates? S'agit-il des sophistes? » « L'art de la discussion » semble convenir aux uns et aux autres.

10. Φυσιολογεῖν, qui ne se trouve pas chez Platon mais appartient déjà à la langue d'Aristote, a pour substantif φυσιολογία, ainsi définie par Plutarque au début du premier fragment des *Daidala de Platées* qui nous a été conservé par Eusèbe (*P. E.*, III 1) : « Chez les anciens, Grecs aussi bien que Barbares, la physiologie était un discours physique enveloppé dans des mythes, une théologie d'allure mystérieuse le plus souvent dissimulée par des énigmes et des sous-entendus » (cf. ma traduction au t. 228 de « Sources chrétiennes »). Les deux premiers paragraphes du fragment ont été traduits et commentés par J. Pépin, *Mythe et allégorie*, Paris, 1958, p. 184 sv. ; cf. C. Andresen, *Logos und Nomos*, Berlin, 1955, p. 257. Sur le terme φυσιολογεῖν, en particulier chez Philon (mais la note s'applique aussi à Eusèbe et aux auteurs qu'il cite), cf. M. Harl, ap. *Philon d'Alexandrie*, 15, *Quis... heres*, 1966, p. 13-14, n. 1.

Fr. 2.

1. Sur « les trois parties de la philosophie » — qui « correspondent aux trois parties du monde : ciel, terre, monde souterrain » (K. Mras, II, p. 350), cf. fr. 1, p. 38, n. 2.

2. Idée reprise aux §§ 11 et 16 et qui a un parallèle chez un autre platonicien moyen contemporain d'Atticus, Hiérax (ap. Stobée, *Anth.*, IV 31 c, 92 ; 767, 6-9 Hense) ; cf. K. Praechter, in *Hermes*,

41, 1906, p. 615-616 = *Kleine Schriften*, Hildesheim, 1973, p. 77-78 ; S. Lilla, *Clement of Alexandria*, Oxford, 1971, p. 71 et n. 1. Voir fr. 43, n. 1 (p. 91).

3. Σκοπός diffère peu ici de τέλος ; « le but et le bonheur » est presque un hendiadyn : pour toute la philosophie grecque, le τέλος est le bonheur (cf. R. Holte, *Béatitude et sagesse*, Paris, 1962, p. 13 et n. 2). La notion de τέλος, « multiforme et une » (L. Gernet, in *R. É. G.*, 41, 1928, p. 345), à la fois importante et « perplexing » (Ph. Ambrose, au début de « The Homeric Telos », in *Glotta*, 43, 1965, p. 38-62), « est troublante pour le philologue et le linguiste » (R. B. Onians, *The Origin of European Thought*, Cambridge, 1954, p. 426). Étudiant « Le guetteur et la cible : les deux sens de σκοπός dans la langue religieuse des Grecs » (*R. É. G.*, 74, 1961, p. 450-468), M. Harl écrit : « A une date qui n'a pas été précisée, σκοπός fut introduit dans la terminologie de la morale stoïcienne à côté de τέλος, et justement pour se différencier de τέλος : on peut dire que σκοπός se distingue de τέλος comme la visée se distingue du succès » (p. 451-452) ; et de renvoyer à V. Goldschmidt, *Le système stoïcien et l'idée de temps*, Paris, 1953, p. 145-153, surtout p. 146 : « Nous pouvons nous tromper, sur le but... mais... la seule chose que le sage veut réellement, la *fin*..., il l'obtient toujours ; car cette fin n'est autre que l'attitude morale » ; cf. p. 133.

12. Αὐτάρκης et ἱκανός sont quasi synonymes, comme déjà chez Platon ; cf. *Tim.* 33 e 2 et 68 e 3 (αὐτάρκης), à côté de *Phédon* 101 a 1 (où l'ἱκανόν est l'ἀνυπόθετον de *Rép.*, VI 510 b 7) et de *Philèbe* 20 d 4.

13. Sur « les malheurs de Priam », cf. Arist., *Éth. Nic.*, I 10, 1100 a 8 ; 11, 1101 a 6 (-16) ; [Plotin, I 4[46], 5, 6-7. P. T.].

14. Cf. l'explication de K. Mras (II, p. 353) : « Par suite de ce long intervalle pendant lequel il ne se produit aucun changement, la comparaison exprime mal la mue rapide de la condition humaine. »

Fr. 3.

11. Sur cette *pistis*, voir la *Notice*, X, p. 29. « Notre homme » désigne encore Épicure.

12. [Il vaut mieux garder le ταῦτα des manuscrits ; l'ἐνταῦθα d'Estienne, adopté par Mras, peut venir de la l. 100 et aussi de l'εἶναι γὰρ καὶ ἐνταῦθα θεούς d'Aristote, *De part. anim.*, I 5, 645 a 21 ; mais l'idée est celle-ci : étant donnée la distance, il est assez difficile de confier à cette vision « si faible » que nous en avons de décider qu'il s'agit bien d'êtres divins ; c'est l'αἰδώς qui est en définitive le ressort de la πίστις : *ce* sont bien là des dieux » (P. T.).]

13. L'addition d'εἶναι est inutile ; la construction est la même avec cet ὁμολογεῖν qu'avec μέλλειν (XV 6, 14 ; fr. 4, l. 91) ou le μανθάνειν de la *Première épître à Timothée*, 5, 13 : ἀργαὶ μανθάνουσιν.

14. Expressions parallèles à celles des §§ 9 et 11 : la κηδεμονία devient ici ἀκρίβεια ; à τῇ πρὸς ἅπαν ἀκοινωνησίᾳ (11 ; Platon, *Lois*, VI 774 a 4, a un ἀκοινώνητος au sens d' « insociable », et de même Philon, *De sacrif.*, 32), correspond l'ἀμιξία de 14, où παραιτησάμενος reprend παραιτούμενος. Sur ces redites, voir la *Notice*, X.

15. Cf. le principe, cher aux pionniers de la science hellène, de « rendre compte des faits observés », σῴζειν τὰ φαινόμενα. « C'est sous sa forme française, 'sauver les apparences', que cette expression a pris son sens actuel » (J. Burnet, *L'aurore de la philosophie grecque*, trad. A. Reymond, Paris, 1919, p. 32, n. 2).

16. Ici viendrait le fr. 3 *bis* ; mais il vaut mieux ne pas couper la phrase d'Eusèbe.

Fr. 3 bis.

1. Certains platoniciens accusaient Aristote de nier toute Providence ; en réalité, pour lui, c'est bien la Providence divine qui fait la perpétuité de l'espèce malgré la mortalité de l'individu, et Alexandre, le commentateur surnommé « le second Aristote », entreprendra de réfuter l'objection des platoniciens (70, 33-71, 2 Bruns). Les lignes citées pourraient venir de l'un d'eux, probablement Atticus. Telle est la conjecture de P. Merlan (in *Philologus*, 113, 1969, p. 89-91) ; il l'appuie sur notre fragment 3, où Atticus compare la théologie d'Aristote et celle d'Épicure ; l'argumentation à propos de la Providence faisait sans doute partie d'un ensemble plus vaste, auquel se rattacherait le fragment 3 *bis*.

Fr. 4.

1. Sur la synonymie de ποιητής et de δημιουργός, cf. *Notice*, IX, p. 25, n. 4.

5. La tradition indirecte de ce texte du *Timée* est considérable ; cf. par exemple Zacharias Scholasticus, *Ammonius*, 1029 b (p. 110-111 M. Minniti Colonna, 1973, avec les parallèles de l'apparat). Eusèbe abrège, et de même Théodoret III 70, cité aux *Testimonia*. Sur cette promesse d'une immortalité de fait, cf. A.-J. Festugière, in *R. É. G.*, 56, 1943, p. 370 et n. 1.

6. Il s'agit des platoniciens qui veulent que, selon Platon, le monde soit éternel ; ils étaient la majorité ; Taurus, allié ordinaire d'Atticus, partageait sur ce point leur opinion. Atticus est avec Plutarque le principal représentant de l'interprétation littérale (le monde a commencé) ; cf. *Notice*, III.

Fr. 5.

8. Littéralement : « des corps du ciel », c'est-à-dire, d'après C. Andresen (p. 260, n. 46), les « démons sidéraux » ou les « dieux de l'éther » ; cf. *Epinomis*, 984 d-e. Sur les « corps divins » qui se transportent dans le ciel (*Mét.* Λ 1074 a 30) et les corps du *De caelo*, cf. P. Hadot ap. *Atti del convegno... Plotino e il neoplatonismo*, Rome, 1974, p. 46-47.

9. La critique porterait mieux si, un peu plus haut, Platon lui-même n'avait semblé appliquer aux astres la notion contradictoire de « corps impassible » ; d'où la transposition de W. Theiler, qui retire l' « impassibilité » aux corps célestes pour la donner à l'essence incorporelle. Mais le « corps sans matière » (σῶμα ἄϋλον) n'est pas exactement le « corps sans corps » qu'Atticus prête à son éther ;

cf. P. Merlan, ap. A. H. Armstrong, *The Cambridge History*···, p. 41, n. 3 ; 75 et n. 4 ; J. Pépin, *Théologie cosmique*···, Paris, 1964, p. 246-247 ; et, à propos de Taurus — opposé, comme Atticus, à l'éther d'Aristote (Philopon, *De aet. mundi*, 520, 20 sv. Rabe) — K. Praechter, in *R.-E.*, V A, c. 62 et 66.

Fr. 6.

6. [C'est l'ordre du *Timée* : la distinction du lourd et du léger en fonction du lieu propre commence à 63 b, alors que la « démonstration » de l'absurdité du haut et du bas se lit en 62 d. (P. T.).]

Fr. 9.

5. Ce ne sont pas les Idées, qui dans la perspective d'Atticus sont indépendantes de Dieu. Sans doute, « pour le platonisme du IIe siècle, les Idées sont des pensées de Dieu » (A.-J. Festugière, in *R. É. G.*, 65, 1952, p. 112, citant, n. 2, W. Theiler, *Die Vorbereitung des Neuplatonismus*, Berlin, 1930, p. 15 sv.) ; mais « Atticus maintient l'existence des Idées καθ' αὑτάς à part de l'Intellect divin··· (Il) représente donc la thèse contraire de celle d'Albinus » (*Proclus*···, II, p. 262, n. 1 ; cf. la n. 4, p. 69). Ici, « s'agit-il d'une identification des Idées Modèles avec les Pensées de Dieu? Ou s'agit-il d'une conception que se fait de l'œuvre l'Ouvrier dans la mesure où il contemple des Idées Modèles indépendantes de lui? Porphyre, en tout cas, qui probablement avait devant les yeux ce passage, l'a compris dans le second sens. De même Proclus··· Zeller··· H. Lewy··· » (A.-J. Festugière, *ibid.*). Sur la question des Idées pensées de Dieu, cf. (en partie avec la note du P. Festugière et celle de H. J. Krämer, *Der Ursprung der Geistmetaphysik*, Amsterdam, 1964, p. 22, n. 4 ; l'*Albinus* de R. E. Witt, Cambridge, 1937, p. 70-75, cf. p. 116 et n. 316) les articles de R. M. Jones, « The Ideas as the Thoughts of God », in *Class. Phil.*, 21, 1926, p. 317-326, et de A. N. M. Rich, « The Platonic Ideas as the Thoughts of God », in *Mnemosyne*, IV 7, 1954, p. 123-133. R. M. Jones écrit (p. 324-325) : « Il y a plus d'un indice que l'interprétation par les 'pensées de Dieu' telle que la présente le platonicien moyen Albinus (IX 3 ; X 3) est née de la fusion (« conflation ») de la théorie des Idées avec la doctrine aristotélicienne de la 'Pensée de la pensée' en Dieu. » Mais justement Atticus s'oppose avec force à cette « conflation »; pour lui, ce qu'il faut éviter avant tout (cf. le titre de son pamphlet : *Notice*, II), c'est d' « interpréter Platon par Aristote »; cf. A.-É. Chaignet, p. 181-182.

Fr. 11.

1. Il semble qu'Atticus ait appliqué à toute âme ce qui chez Platon (*Timée*, 35 a) concerne l'Ame du Monde. Cf. *Numénius*, fr. 48, n. 1 (p. 93).

2. Plus loin (p. 380, 15-19), Jamblique cite les platoniciens pour qui l'incorporation d'une âme, réduite à un seul mode, est toujours

un mal : Cronius, Numénius, Harpocration (celui-ci disciple d'Atticus) ; cf. (avec Festugière, III, p. 222, n. 6) Numénius, fr. 48 (Test. 40 L.) et n. 3.

Fr. 12.

1. Proclus vient de dire qu'Harpocration suivait d'abord Numénius dans sa doctrine des trois dieux (Test. 19 Leemans de Numénius, omis à tort dans mes *Fragments*), puis se contredisait.
2. « *Scil.* le Bien et le Modèle » (Festugière).
3. Dans l'hypothèse d'Atticus, où le Bien est identique au démiurge (id.).
4. Le Bien ne peut se tourner que vers soi-même ; cf. fr. 28 et n. 1, et (avec Festugière, *Rév.*, IV, p. 277, n. 1) Arist., *Mét.*, Λ 9.

Fr. 13.

1. Cf. *Timée*, 29 e 2-4.

Fr. 14.

2. Atticus avait donc commenté le *Phèdre* ; ce commentaire était-il distinct du traité de l'âme auquel se rattacheraient nos fr. 10-11 (et peut-être 35-36)?

Fr. 15.

2. Id., p. 99, n. 1 : c'est Proclus qui prête à Albinus et à Atticus la doctrine du véhicule pneumatique ; ni l'un ni l'autre ne parlent de l'ὄχημα dans les textes conservés ; cf. Dodds, p. 306, n. 3.

Fr. 16.

1. Proclus vient d'exclure qu'il puisse s'agir de Théétète, de Platon ou de Clitophon.

Fr. 17.

1. Proclus vient de dire : « Pour Théopompe, Athènes a été une colonie de Saïs. » Il s'agit en réalité du rhéteur Anaximène de Lampsaque (seconde moitié du IVe siècle) ; cf. *Fragmente der gr. Historiker*, II A 72 F 20 Jacoby ; et Jules Africain ap. Eusèbe, *P. E.*, X 10, 22 (I 595, 10 sv. Mras) ; Diodore de Sicile, I 28, 4 (= Hécatée d'Abdère), cités par Festugière, p. 139, n. 2.
2. *Timée*, 21 e 7.
3. Athéna.

Fr. 18.

1. Proclus oppose l'interprétation d'Atticus à celle de Porphyre, qui rapportait correctement ἀεὶ à ὡσαύτως, non à βλέπειν. Cf. A.-É. Chaignet, *Histoire de la psychologie des Grecs*, III, 1890, p. 182, n. 2.

Fr. 19.

1. Festugière (p. 121, n. 2) énumère ici les textes qui associent Plutarque et Atticus, toujours réunis pour ce problème du monde né dans le temps, dont s'occupent aussi les fragments suivants; un seul (III 212, 6-11 ; fr. 32) leur adjoint Sévère, mais pour un autre problème, celui de l'indissolubilité des dieux sidéraux.

2. Cf., avec Festugière, *Timée* 38 b 6 ; Aristote, *Physique*, IV 14, 223 b 15-20. Selon la définition classique de IV 11, 219 b 1-2, le temps est : « le nombre du mouvement selon l'antérieur et le postérieur »; cf. H. Barreau, « Le traité aristotélicien du temps », in *Revue philosophique*, 98, 1973, p. 401-437.

Fr. 21.

1. D'après Festugière, « la critique de certaines interprétations » (286, 20-289, 6) vise Plutarque et Atticus : la thèse du monde « engendré à un moment du temps » est la leur. Mais le fait qu'ils ne sont pas nommés nous dispense peut-être de reproduire l'ensemble du morceau.

Fr. 22.

1. Dans la suite, Proclus montre que l'inordonné, la masse mue de mouvements désordonnés et irréguliers, était le devenir; et il renvoie à ce qu'il a dit plus haut (fr. 21 ; I, 284, 23 D.) : « l'inordonné est lui aussi devenu, de même qu'il est visible ».

Fr. 23.

1. Festugière cite à ce propos Plutarque, *De an. procr.*, 1014 b et d, 1016 c; cf. *Notice*, III, « Plutarque et Atticus ». Les guillemets sont de lui; il signale ainsi « les arguments de la thèse critiquée » (p. 244, n. 2).

Fr. 24.

1. Position du problème : la matière est-elle créée ou incréée? Voir fr. 23, avec la n. 1.

Fr. 25.

1. Aristote, *De caelo*, I 10, 280 a 30 sv.

Fr. 28.

1. Cf. fr. 12 et n. 4. Cette ἐπιστροφή est essentielle chez Numénius (fr. 12 et n. 8, p. 107) et aussi chez Plotin, à condition de lire (*Enn.* V 1, 6, 18-19) ἐπιστραφέντος... πρὸς αὑτό (avec l'esprit rude du réfléchi); cf. E. R. Dodds, in *Journal of Theological Studies*, N. S. 16, 1965, p. 503 ; J. M. Rist, *Plotinus*, Cambridge, 1967, p. 267 sv.; P. Hadot, *Porphyre et Victorinus*, Paris, 1968, I, p. 320 et n. 3-4 ; H.-R. Schwyzer, in *Museum Helveticum*, 26, 1969, p. 260 ; en sens contraire : W. Theiler, in *Revue internationale de philoso-*

phie, 24, 1970, p. 296. P. Aubin (*Le problème de la « conversion »*, Paris, 1963) hésite : dans le texte (p. 161), il rejette la conversion de l'Un vers soi-même, mais une longue note (p. 162, n. 1) incline à l'accepter.

2. Festugière (p. 262, n. 1) montre qu'Atticus, à la différence d'Albinus, maintient l'existence des Idées en elles-mêmes à part de l'Intellect divin. Mais je ne construis pas tout à fait comme lui la phrase d'Eusèbe, *P. E.*, XV 13, 5 (II, p. 377, 9-378, 2 Mras), qui termine notre fragment 9 (traduit ci-dessus).

4. Cette attestation de Proclus (cf. I 305, 7 = fr. 12), d'après laquelle Atticus ne sépare pas du premier Dieu le démiurge, a permis à W. Theiler de retrouver le « quadruple schéma » d'Atticus : « Démiurge, Idées, mauvaise âme motrice, matière », peu différent de celui de Plutarque (*Entretiens sur l'antiquité classique*, Vandœuvres-Genève, III, 1957, p. 72-73) ; cf. fr. 26, n. 2.

Fr. 29.

1. Le ποτε de Platon (*Timée* 34 a 9), qui exclut l'éternité du monde, a pu inspirer le refrain d'Arius, ἦν ποτε ὅτε οὐκ ἦν (ὁ Υἱός). Cf. G. Bardy, « La *Thalie* d'Arius », in *Revue de Philologie*, 1927, p. 211-233, surtout p. 232 ; G. C. Stead, « The Platonism of Arius », in *Journal of Theological Studies*, N. S., 15, 1964, p. 16-31 (voir la *Notice*, IX, « La survie d'Atticus », p. 25) ; F. Ricken, « Nikaia als Krisis des altchristlichen Platonismus », in *Theologie und Philosophie*, 44, 1969, p. 321-341, surtout p. 322-324 : les épithètes de la théologie négative dans la *Thalie* ap. Athanase, *De synodis*, 15, 3, p. 242 sv. Opitz ; E. P. Meijering, in *Vigiliae christianae*, 28, 1974, p. 162-164 = *God Being History*, p. 82-84. Pour Atticus, dit Meijering (p. 164 = 84), le monde n'était pas πρότερον (fr. 4, l. 39 ; *P. E.*, XV, 6, 7 ; II, p. 360, 18 Mras) ; «le mot πρότερον comme catégorie temporelle implique qu'il y ait eu un temps avant le cosmos ; pour étayer sa doctrine du commencement du monde dans le temps, il supposait qu'il y avait deux temps, l'un appartenant au cosmos et l'autre appartenant au mouvement chaotique, à partir duquel le monde est créé... Les difficultés qu'Atticus rencontrait pour appliquer des catégories temporelles à un 'avant le cosmos' se retrouvent dans la doctrine d'Arius sur le Logos. »

Fr. 31.

1. Cet ἄρα « suppose qu'Atticus aura dit : 'Il y avait une sorte de temps avant la création du monde' » (E. P. Meijering, in *Vigiliae christianae*, 28, 1974, p. 164 = *God Being History*, p. 84, n. 19 a ; cf. p. 165 = 85, n. 21).

Fr. 32.

2. Cf. *Timée*, 41 a 8-b 6, souvent cité ; et Zacharias scholasticus, *Ammonios*, 1029 b, l. 110-111 Minniti-Colonna (1973), avec les parallèles de l'apparat.

Fr. 35.

1. Proclus vient de nommer des philosophes pour qui l'âme est une entité mathématique (un Aristander inconnu et Numénius; cf. *Numénius*, fr. 39 et les notes) ou géométrique (Sévère).

2. Sur ce caractère intermédiaire de l'âme raisonnable, cf. W. Theiler, *Untersuchungen zur antiken Literatur*, Berlin, 1970, p. 561.

3. Voir la *Notice*, III « Plutarque et Atticus ». En un certain sens, par conséquent, le monde est éternel; il l'est dans la mesure où la matière existe *ab initio*; cf. C. Moreschini, in *Annali della sc. n. sup. di Pisa*, 33, 1964, p. 36.

Fr. 36.

1. *Timée*, 37 b 3.

Fr. 37.

3. Ce relatif pluriel, qui a pour « antécédent » le ταῦτα de la l. 8, pourrait désigner, par accord *ad synesin*, les éléments qui constituent le monde; cf. M.-E. Colonna, p. 130; mais sa traduction (p. 99), « di tutte queste cose », ne fait pas droit à la relative, qu'elle traite comme une indépendante; et je rétablis la ponctuation de Migne.

Fr. 38 a.

1. La suite du chapitre (VI 27) de Philopon montre en Taurus (p. 223 Rabe) un des principaux « tenants » contemporains « de l'opinion adverse »; voir la *Notice*, IV, « Atticus et Taurus ».

2. Philopon (475?-565?) est chrétien. Cf. H. D. Saffrey, « Le chrétien Jean Philopon et la survivance de l'école d'Alexandrie », in *R. É. G.*, 67, 1954, p. 396-410; I. P. Sheldon-Williams ap. A. H. Armstrong, *The Cambridge History*..., 1967, p. 477-482.

3. Renvoi explicite à l'anthologie de la *Préparation évangélique*.

Fr. 39.

1. *Timée*, 53 b 3.

2. *Politique*, 273 d. C'est le passage qui s'achève sur « l'océan sans fond de la dissemblance » (d 6-7); cf. *Syngeneia*, Paris, 1964, p. 83-85.

3. [Pour Philopon, le même argument par lequel Atticus veut montrer que le monde, selon Platon, est né, devrait lui faire affirmer également que le monde périra; alors qu'il soutient (fr. 4, l. 60-63) que le monde, advenu par l'œuvre de Dieu, est indestructible. (P. T.).]

Fr. 40.

1. L'existence d'un tel commentaire est évidemment hypothétique; P. Merlan estime *a priori* invraisemblable qu'Atticus ait commenté Aristote (*Gnomon*, 10, 1934, p. 266, n. 1); [mais il a pu, occasionnellement, écrire sur le sujet (P. T.)].) : cf. fr. 2, l. 136.

2. Il s'agit du platonicien contemporain de Longin (W. Kroll, *R.-E.*, *s. v.* « Demokritos 7 »).

3. Sur le fragment, cf. P. Merlan, *ibid.*, p. 267-268 ; H. Dörrie, *ibid.*, 29, 1957, p. 188, p. 189 et n. 2 (= *Platonica minora*, p. 266 et n. 3 ; cf. 220, n. 9 ; 289, n. 19). Pour Syrianus, ces « platoniciens » n'ont rien d'orthodoxe ; cf. H. Dörrie, *ibid.*, p. 259, n. 32 ; 278, n. 9.

Fr. 41.

1. Voir la *Notice*, V, « Atticus et Nicostrate ».

Fr. 42 b.

1. Ce texte, de deux siècles plus ancien, est un doublet du précédent, lequel semble mieux rédigé. Cf. P. Hadot, ap. *Atti del convegno... Plotino e il neoplatonismo*, Rome, 1974, p. 44.

Fr. 43.

1. Au lieu de « cette opinion », il faudrait, selon la conjecture d'Usener, lire « le Portique ». De même, pour « Aristonyme », K. Praechter lirait « Ariston de Chios » (*Hermes*, 41, 1906, p. 616 = *Kleine Schriften*, 1973, p. 78, n. 2). Il ferait ainsi des platoniciens stoïcisants les successeurs du tenant le plus radical de l'autarcie de la vertu, qu'Atticus défend vigoureusement contre Aristote au début du fr. 2 (*P. E.*, XV 4, 2) en stoïcien plus encore qu'en platonicien ; cf. *Hermes*, 41, 1906, p. 617 = *Kl. Schr.*, p. 79, n. 1 ; *Philologus*, 83, 1927, p. 24 = *Kl. Schr.*, p. 7, n. 11.

Fr. 44.

1. Il s'agit de l'attitude des philosophes en face des passions.

2. Onètor avait écrit « sur la proportion mathématique » (scolie vaticane à Proclus *in rem p.* II 378, 23 Kroll) et intitulé un traité : « Si le sage fera des affaires? » (Diogène Laërce, III 9). D'après Diogène encore (II 114), il rapportait que Stilpon de Mégare avait une concubine du nom de Nicarète. La *R.-E.* de Pauly-Wissowa ne lui consacre aucune notice.

3. Patérius vivait autour de 400 p. C., comme Plutarque d'Athènes, et, comme celui-ci, prenait à la lettre *Phédon* 68 b, en quoi il s'opposait aux « progressants » Onètor et Atticus ; cf. R. Beutler, in *Hermes*, 78, 1943, p. 108, et *R.-E.*, XVIII. 2, 1949, s. v. « Paterios 1 », c. 2563.

INDEX VERBORVM
AB EVSEBIO SERVATORVM

Omittuntur articuli ; particulae ἄν, γάρ, γε, δέ, ἤ (ἤτοι), καί, μέν, οὐ (οὐδέ, οὔτε), μή (μηδέ, μήτε), τε ; pronomina ὅς (relat.), οὗτος, πᾶς, τις ; praepositiones ; εἶναι (verbum). Recensentur tantum exempla ab Eusebio in *Praeparatione evangelica* deprompta, non autem verba citationum aliorum auctorum (ut Homeri, Platonis...), neque ea (minoribus typis composita) quibus Eusebius fragmenta introducit vel concludit. Crassiore numero indicatur fragmentum ; ceteris, lineae.

Cj. = e coniectura.

V. l. = varia lectio.

INDEX FONTIVM

(Voir à la *Bibliographie* les éditions citées ici par page et ligne.)

Jamblique, *De anima* (ap. Stob., *Anthol.*)

[Olympiodore]

Philopon, *De aeternitate mundi*

Porphyre

Proclus

Simplicius

Syrianus

INDEX AVCTORVM AB ATTICO LAVDATORVM

(Asterisco notantur citationes expressae)

Platon

Cratyle

Lois

Parménide

Phédon

Phèdre

TABLE DES MATIÈRES

Ce volume,
de la Collection des Universités de France,
publié aux Éditions Les Belles Lettres,
a été achevé d'imprimer
en novembre 2002
sur presse rotative numérique
de Jouve
11, bd de Sébastopol, 75001 Paris

N° d'édition : 4457
Dépôt légal : décembre 2002

Imprimé en France